Utilize este código QR para se cadastrar de forma mais rápida:

Ou, se preferir, entre em:
www.moderna.com.br/ac/livroportal
e siga as instruções para ter acesso aos conteúdos exclusivos do
Portal e Livro Digital

CÓDIGO DE ACESSO:

A 00449 BUPPORT1E 2 85291

Faça apenas um cadastro. Ele será válido para:

Da semente ao livro,
sustentabilidade por todo o caminho

Plantar florestas
A madeira que serve de matéria-prima para nosso papel vem de plantio renovável, ou seja, não é fruto de desmatamento. Essa prática gera milhares de empregos para agricultores e ajuda a recuperar áreas ambientais degradadas.

Fabricar papel e imprimir livros
Toda a cadeia produtiva do papel, desde a produção de celulose até a encadernação do livro, é certificada, cumprindo padrões internacionais de processamento sustentável e boas práticas ambientais.

Criar conteúdos
Os profissionais envolvidos na elaboração de nossas soluções educacionais buscam uma educação para a vida pautada por curadoria editorial, diversidade de olhares e responsabilidade socioambiental.

Construir projetos de vida
Oferecer uma solução educacional Moderna é um ato de comprometimento com o futuro das novas gerações, possibilitando uma relação de parceria entre escolas e famílias na missão de educar!

Apoio:
www.twosides.org.br

Fotografe o Código QR e conheça melhor esse caminho.
Saiba mais em *moderna.com.br/sustentavel*

Organizadora: Editora Moderna
Obra coletiva concebida, desenvolvida e produzida pela Editora Moderna.

Editora Executiva:
Marisa Martins Sanchez

Acompanha este livro:
- **Caderno do Escritor**

NOME: ....

....TURMA: ....

ESCOLA: ....

....

1ª edição

Editora Moderna © 2018

Elaboração dos originais

Marisa Martins Sanchez
Licenciada em Letras pelas Faculdades São Judas Tadeu. Professora de Português em escolas públicas e particulares de São Paulo por 11 anos. Editora.

Christina Binato
Licenciada em Letras pela Universidade Mackenzie. Editora.

Mary Cristina Pereira da Silva
Bacharel em Comunicação Social pela Universidade de Mogi das Cruzes. Licenciada em Letras pela Universidade Guarulhos. Pós-graduada em Língua Portuguesa pela Pontifícia Universidade Católica de São Paulo. Jornalista e editora.

Sueli Campopiano
Bacharel em Ciências Sociais pela Universidade de São Paulo. Editora.

Márcia Braga
Licenciada em Pedagogia pelo Centro Universitário Assunção. Professora do Ensino Fundamental em escolas particulares. Orientadora Educacional do Ensino Fundamental em escolas particulares.

Mara Cristina Dias Pereira
Bacharel e licenciada em Letras pela Universidade de São Paulo. Professora do Ensino Fundamental em escolas particulares. Assessora pedagógica na área de linguagem em escolas públicas e particulares.

Cristiane Luiza Gavaldon
Licenciada em Pedagogia pela Universidade São Judas Tadeu. Professora do Ensino Fundamental em escolas particulares.

Cristiane Maia Pimentel
Bacharel e licenciada em Letras pela Universidade de São Paulo. Professora do Ensino Fundamental em escolas particulares. Professora de Redação em projeto da Secretaria de Educação de São Paulo.

Miriam Louise Sequerra
Graduada em Psicologia pela Universidade de São Paulo. Coordenadora Pedagógica do Ensino Fundamental em escolas particulares.

Daniela Pedroso
Licenciada em Educação Artística pela Universidade Federal do Paraná. Professora de Arte em escolas públicas e particulares. Coordenadora de Ensino da Arte do Ensino Fundamental da Secretaria Municipal de Educação de Curitiba.

Coordenação editorial: Sueli Campopiano
Edição de texto: Sueli Campopiano, Mary Cristina Pereira da Silva, Acáccio Silva
Assistência editorial: Magda Reis
Consultoria pedagógica: Elvira Souza Lima
Pesquisa de textos: Luciana Saito
Gerência de *design* e produção gráfica: Everson de Paula
Coordenação de produção: Patricia Costa
Suporte administrativo editorial: Maria de Lourdes Rodrigues
Coordenação de *design* e projetos visuais: Marta Cerqueira Leite
Projeto gráfico: Daniel Messias, Daniela Sato, Mariza de Souza Porto
Capa: Daniel Messias, Otávio dos Santos, Mariza de Souza Porto, Cristiane Calegaro
Ilustração: Raul Aguiar
Coordenação de arte: Wilson Gazzoni Agostinho
Edição de arte: Daiane Alves Ramos, Regiane Santana
Editoração eletrônica: MRS Editorial
Coordenação de revisão: Elaine C. del Nero
Revisão: Ana Cortazzo, Dirce Y. Yamamoto, Fernanda Guerriero, Nancy H. Dias, Roseli Simões, Salete Brentan, Tatiana Malheiro
Coordenação de pesquisa iconográfica: Luciano Baneza Gabarron
Pesquisa iconográfica: Mariana Veloso
Coordenação de *bureau*: Rubens M. Rodrigues
Tratamento de imagens: Fernando Betolo, Joel Aparecido, Luiz Carlos Costa, Marina M. Buzzinaro
Pré-impressão: Alexandre Petreca, Everton L. de Oliveira, Marcio H. Kamoto, Vitória Sousa
Coordenação de produção industrial: Wendell Monteiro
Impressão e acabamento: Bercrom Gráfica e Editora
Cód: 12113131
Lote: 781.331

Dados Internacionais de Catalogação na Publicação (CIP)
(Câmara Brasileira do Livro, SP, Brasil)

Buriti plus português / organizadora Editora Moderna ; obra coletiva concebida, desenvolvida e produzida pela Editora Moderna. — 1. ed. — São Paulo : Moderna, 2018. (Projeto Buriti)

Obra em 5 v. para alunos do 1º ao 5º ano.

1. Português (Ensino fundamental)

18-16393   CDD-372.6

Índices para catálogo sistemático:

1. Português : Ensino fundamental 372.6

Maria Alice Ferreira – Bibliotecária – CRB-8/7964

ISBN 978-85-16-11313-1 (LA)
ISBN 978-85-16-11314-8 (GR)

Reprodução proibida. Art. 184 do Código Penal e Lei 9.610 de 19 de fevereiro de 1998.
Todos os direitos reservados
EDITORA MODERNA LTDA.
Rua Padre Adelino, 758 – Belenzinho
São Paulo – SP – Brasil – CEP 03303-904
Vendas e Atendimento: Tel. (0_ _11) 2602-5510
Fax (0_ _11) 2790-1501
www.moderna.com.br
2023
Impresso no Brasil

1 3 5 7 9 10 8 6 4 2

QUE TAL COMEÇAR O ANO CONHECENDO SEU LIVRO?

VEJA NAS PÁGINAS 6 A 9 COMO ELE ESTÁ ORGANIZADO.

NAS PÁGINAS 10 E 11, VOCÊ FICA SABENDO OS ASSUNTOS QUE VAI ESTUDAR.

NESTE ANO, TAMBÉM VAI CONHECER E COLOCAR EM AÇÃO ALGUMAS ATITUDES QUE AJUDARÃO VOCÊ A CONVIVER MELHOR COM AS PESSOAS E A SOLUCIONAR PROBLEMAS.

7 ATITUDES PARA A VIDA

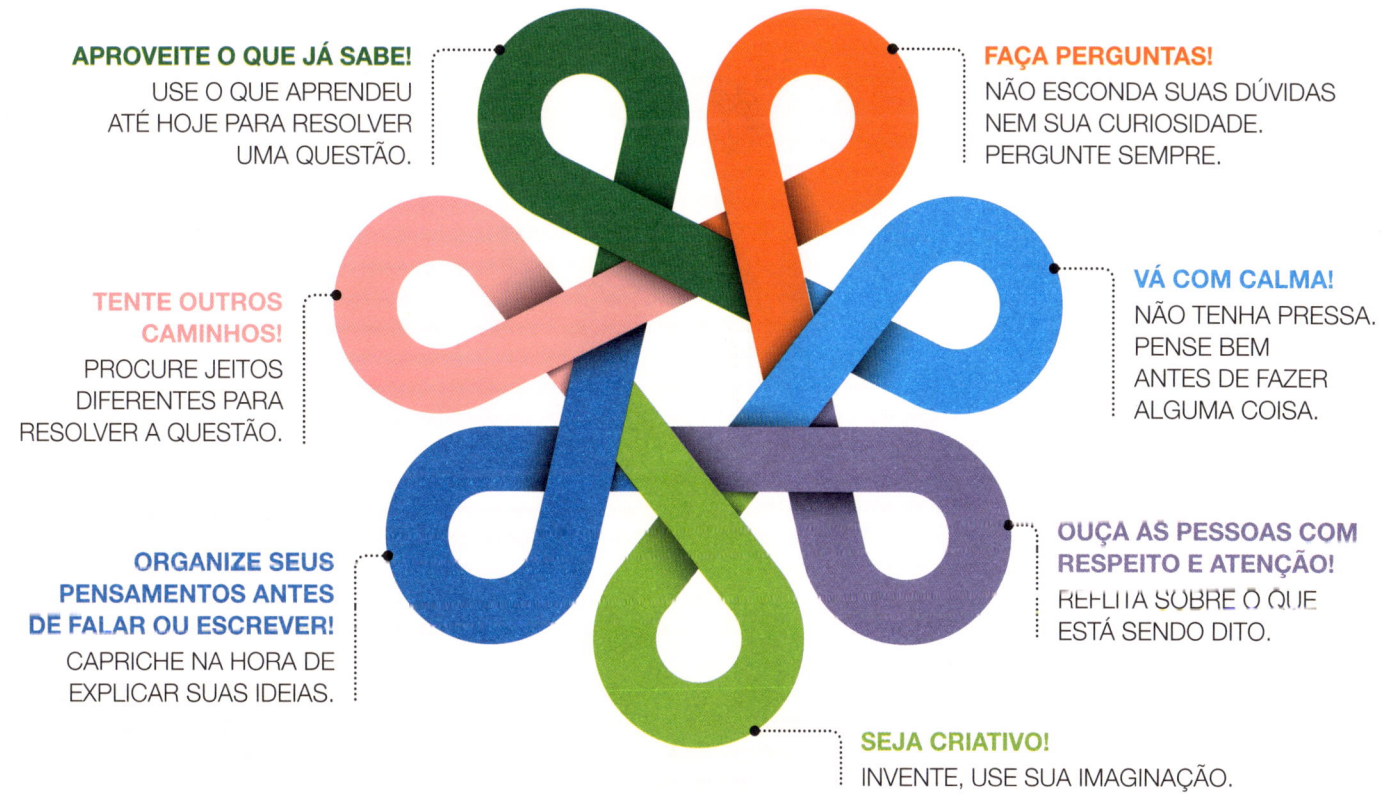

APROVEITE O QUE JÁ SABE!
USE O QUE APRENDEU ATÉ HOJE PARA RESOLVER UMA QUESTÃO.

FAÇA PERGUNTAS!
NÃO ESCONDA SUAS DÚVIDAS NEM SUA CURIOSIDADE. PERGUNTE SEMPRE.

TENTE OUTROS CAMINHOS!
PROCURE JEITOS DIFERENTES PARA RESOLVER A QUESTÃO.

VÁ COM CALMA!
NÃO TENHA PRESSA. PENSE BEM ANTES DE FAZER ALGUMA COISA.

ORGANIZE SEUS PENSAMENTOS ANTES DE FALAR OU ESCREVER!
CAPRICHE NA HORA DE EXPLICAR SUAS IDEIAS.

OUÇA AS PESSOAS COM RESPEITO E ATENÇÃO!
REFLITA SOBRE O QUE ESTÁ SENDO DITO.

SEJA CRIATIVO!
INVENTE, USE SUA IMAGINAÇÃO.

NAS PÁGINAS 4 E 5, HÁ UM JOGO PARA VOCÊ COMEÇAR A PRATICAR CADA UMA DESSAS ATITUDES.

DIVIRTA-SE!

TEATRO

SEIS AMIGOS VÃO ASSISTIR A UMA PEÇA DE TEATRO. NA PLATEIA, HÁ EXATAMENTE SEIS CADEIRAS DISPONÍVEIS. QUE SORTE, PORQUE O ESPETÁCULO JÁ VAI COMEÇAR! MAS ELES QUEREM SENTAR EM CADEIRAS COM CERTAS CARACTERÍSTICAS.

VAMOS AJUDÁ-LOS?

1. AS CADEIRAS DISPONÍVEIS SÃO AS DE COR AZUL.
2. LEIA A SEGUIR ONDE CADA AMIGO DESEJA SENTAR.
3. COLOQUE CADA UM DELES NA CADEIRA QUE DESEJA.
4. PREENCHA O QUADRO COM O RESULTADO.
5. CRIE EXIGÊNCIAS PARA OUTRAS PESSOAS E OCUPE AS CADEIRAS VERDES. DEPOIS, DESAFIE UM COLEGA!

PEDRO: AO LADO DE JULIANA.
JULIANA: NA PRIMEIRA FILEIRA, PERTO DO PALCO.
ELAINE: NA CADEIRA ATRÁS DE PEDRO.
CARINA: NA ÚLTIMA FILEIRA, PERTO DOS CAMAROTES.
DAVI: NA CADEIRA D.
CAIO: PRÓXIMO DA SAÍDA.

APLIQUE NESTE JOGO AS 7 ATITUDES PARA A VIDA.

OUÇA AS PESSOAS COM RESPEITO E ATENÇÃO!
PRESTE BASTANTE ATENÇÃO NAS ORIENTAÇÕES DO PROFESSOR E OUÇA AS DÚVIDAS DOS COLEGAS. ELAS VÃO AJUDÁ-LO A COMPREENDER AS REGRAS.

VÁ COM CALMA!
OBSERVE BEM A EXIGÊNCIA DE CADA AMIGO. TENTE COMEÇAR PELO MAIS EXIGENTE.

TENTE OUTROS CAMINHOS!
TALVEZ VOCÊ PRECISE MUDAR UM AMIGO DE LUGAR PARA CONSEGUIR ATENDER AO OUTRO.

ORGANIZE SEUS PENSAMENTOS!
LEIA A EXIGÊNCIA DE TODOS OS AMIGOS. DEPOIS, PRESTE ATENÇÃO EM UM DE CADA VEZ.

FAÇA PERGUNTAS!
SE TIVER DÚVIDA SOBRE AS EXIGÊNCIAS DOS AMIGOS, PERGUNTE AO PROFESSOR OU AOS COLEGAS.

APROVEITE O QUE JÁ SABE!
DEPOIS DE ATENDER À EXIGÊNCIA DE UM DOS AMIGOS, A PRÓXIMA SERÁ MAIS FÁCIL.

SEJA CRIATIVO!
OBSERVE COM ATENÇÃO A IMAGEM PARA OCUPAR AS CADEIRAS DISPONÍVEIS.

	JULIANA	ELAINE	PEDRO	CAIO	DAVI	CARINA
CADEIRAS						

CONHEÇA SEU LIVRO

VEJA COMO ELE FOI ORGANIZADO PARA AJUDÁ-LO.

ABERTURA DA UNIDADE

UMA IMAGEM PODE TER MUITOS SIGNIFICADOS E CADA PESSOA PODE VER COISAS DIFERENTES NELA. AQUI VOCÊ FALA O QUE VÊ E O QUE SABE A RESPEITO DA IMAGEM E DO TEMA DA UNIDADE.

LEITURA: TEXTOS 1 E 2

PARA QUE VOCÊ LÊ? PENSE NESTES MOTIVOS:

LER POR PRAZER

CONTO, CRÔNICA, FÁBULA, POEMA, HISTÓRIA EM QUADRINHOS

COM ESSES TEXTOS, VOCÊ SE DIVERTE, SE EMOCIONA, SONHA, PASSA O TEMPO.

LER PARA SE INFORMAR

TEXTO JORNALÍSTICO, *E-MAIL*, PROPAGANDA

COM ESSES TEXTOS, VOCÊ SE MANTÉM ATUALIZADO. LENDO TEXTOS JORNALÍSTICOS, VOCÊ FICA SABENDO O QUE ACONTECE NO MUNDO. LENDO *E-MAILS*, VOCÊ TEM INFORMAÇÕES DE SEUS AMIGOS E FAMILIARES.

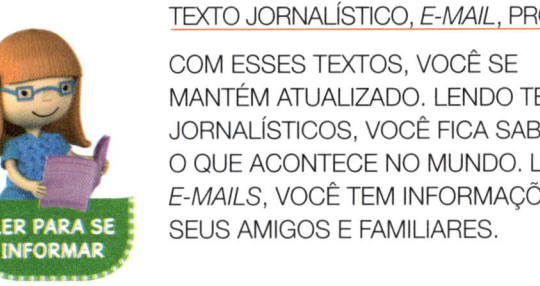

LER PARA APRENDER

FICHA DESCRITIVA, TEXTOS DE LIVRO DIDÁTICO, DE ENCICLOPÉDIA, DE DICIONÁRIO, DA INTERNET, DE MANUAIS, DE JOGOS

COM ESSES TEXTOS, VOCÊ ESTUDA PARA A PROVA, FAZ AS LIÇÕES, FAZ PESQUISAS PARA CONHECER MAIS SOBRE UM ASSUNTO OU PARA FAZER OS TRABALHOS DE ESCOLA. APRENDE AS REGRAS DE UM JOGO, A MONTAR BRINQUEDOS ETC.

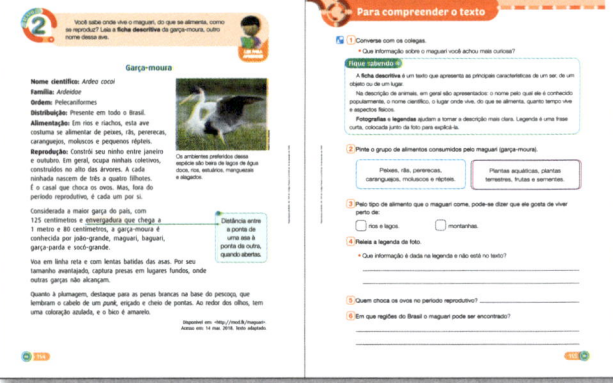

PARA FALAR E ESCREVER MELHOR

SELECIONAMOS INFORMAÇÕES E PREPARAMOS ATIVIDADES PARA QUE VOCÊ SE COMUNIQUE CADA VEZ MELHOR.

GRAMÁTICA E ORTOGRAFIA

CONHECER COMO A LÍNGUA PORTUGUESA SE ORGANIZA O AJUDA A SE COMUNICAR POR ESCRITO E ORALMENTE.

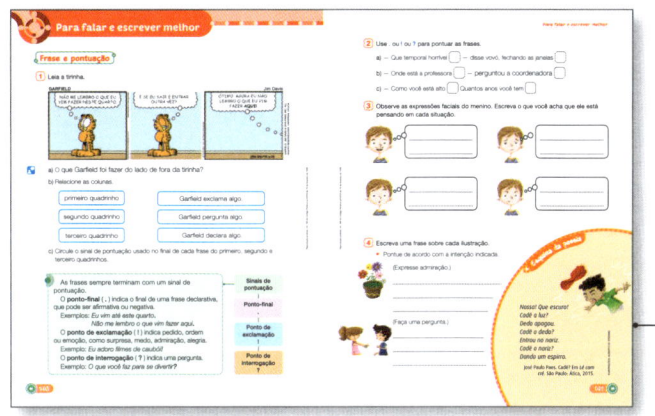

ESQUINA DA POESIA

FAÇA UMA PARADA NESTA ESQUINA E APRECIE O POEMA!

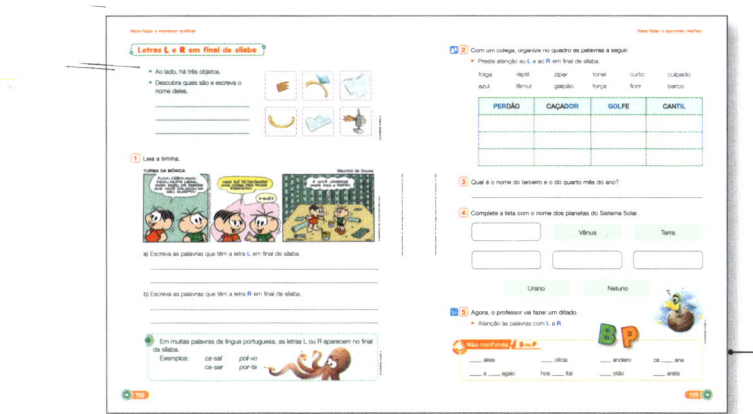

NÃO CONFUNDA!

SERÁ QUE VOCÊ LEMBRA QUAL LETRA DEVE USAR NA ESCRITA DE ALGUMAS PALAVRAS?

DICIONÁRIO

ATIVIDADES PARA VOCÊ APRENDER A CONSULTAR O DICIONÁRIO E, ASSIM, CONHECER MAIS AS PALAVRAS.

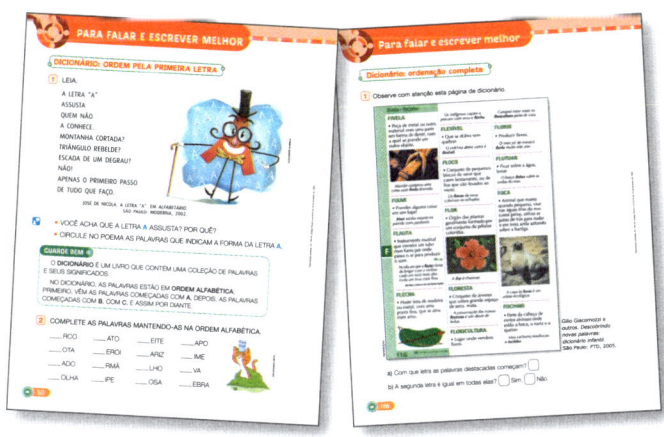

MEMÓRIA VISUAL

BRINCANDO E OBSERVANDO, VOCÊ TAMBÉM TREINA ORTOGRAFIA.

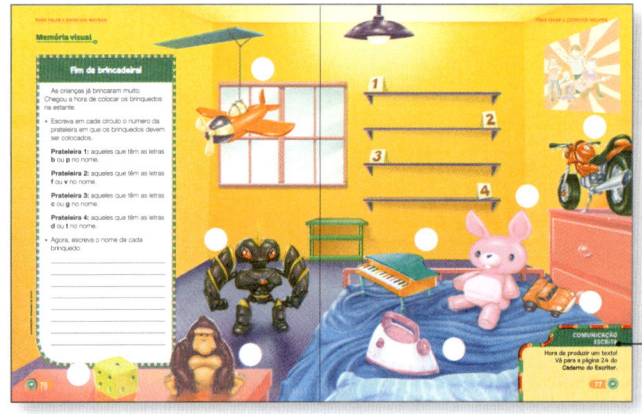

FIQUE ATENTO!

AGORA É O MOMENTO DE USAR SEU **CADERNO DO ESCRITOR** E PRODUZIR UM TEXTO.

OFICINA DAS PALAVRAS

VOCÊ ACHA QUE ESCREVER É UM BICHO DE SETE CABEÇAS? NEM TANTO...
NA *OFICINA DAS PALAVRAS*, VOCÊ ESCREVE SÓ UM POUQUINHO...

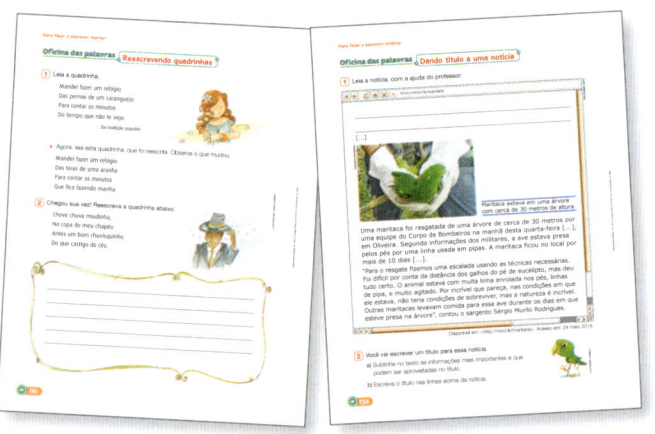

COMUNICAÇÃO ESCRITA

... DEPOIS, NA *COMUNICAÇÃO ESCRITA* A TURMA TODA PARTICIPA, E ESCREVER UM POUCO MAIS FICA FÁCIL!
É SÓ SEGUIR AS INSTRUÇÕES.

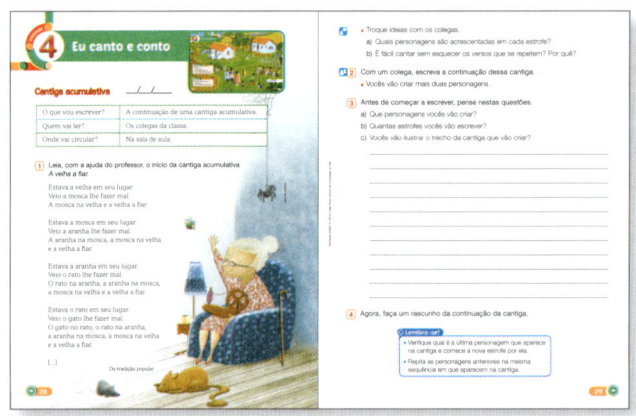

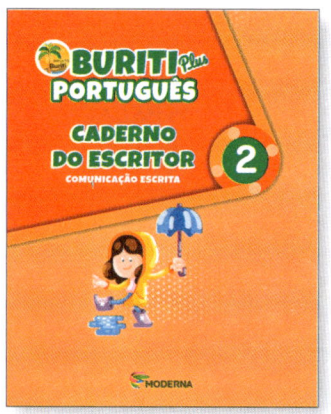

A SEÇÃO *COMUNICAÇÃO ESCRITA* ESTÁ INTEIRINHA NO **CADERNO DO ESCRITOR**. ASSIM, VOCÊ PODE LEVÁ-LO AONDE QUISER PARA ESCREVER SEU TEXTO.

NO **CADERNO DO ESCRITOR** HÁ TAMBÉM UM ESPAÇO PRÓPRIO PARA VOCÊ REGISTRAR AS PALAVRAS QUE PESQUISOU EM *TANTAS PALAVRAS*.

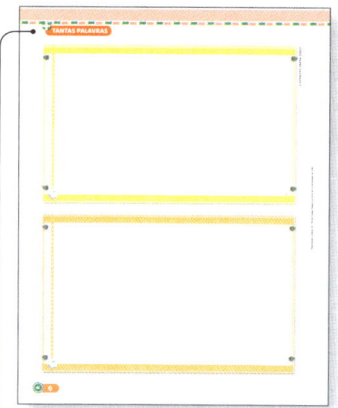

COMUNICAÇÃO ORAL

PARA SE COMUNICAR BEM, É PRECISO APRENDER A FALAR DE MANEIRA ADEQUADA A CADA SITUAÇÃO. AQUI VOCÊ APRENDE A CONTAR HISTÓRIAS, FAZER ENTREVISTAS, LER POEMAS E MUITO MAIS.

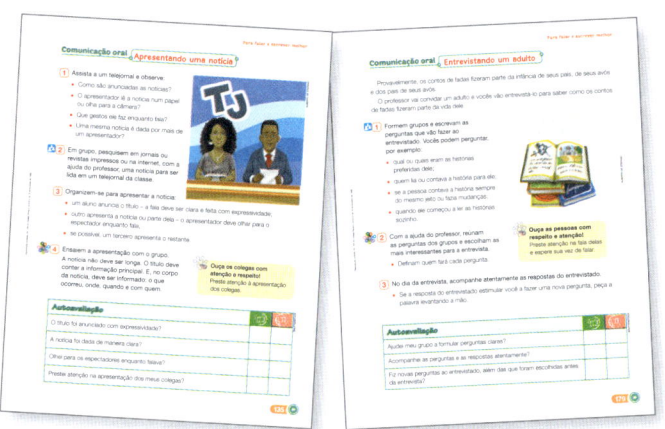

E, PARA AJUDAR VOCÊ EM SEUS ESTUDOS, PREPARAMOS...

ENCARTADOS PARA USO NAS ATIVIDADES DO LIVRO. DEPOIS DE DESTACAR AS PEÇAS, GUARDE-AS MUITO BEM!

ÍCONES UTILIZADOS

PARA INDICAR COMO REALIZAR AS ATIVIDADES

 ATIVIDADE ORAL
 DUPLA
 GRUPO
 DESENHO

PARA INDICAR HABILIDADES QUE VOCÊ VAI USAR PARA SE RELACIONAR MELHOR COM OS OUTROS E CONSIGO MESMO

PARA INDICAR OBJETOS DIGITAIS

MAPA DE CONTEÚDOS

| UNIDADE | TEXTO 1 | PARA FALAR E ESCREVER MELHOR |||
		GRAMÁTICA E ORTOGRAFIA	OFICINA DAS PALAVRAS	COMUNICAÇÃO ORAL
1 **EU ME DIVIRTO** PÁGINA 12	HISTÓRIA EM QUADRINHOS *GARFIELD* JIM DAVIS 14	LETRAS E PALAVRAS SÍLABA 16	QUEM SOU EU? 20	RECITANDO TRAVA-LÍNGUAS 21
2 **EU DECIFRO CHARADAS** PÁGINA 34	ADIVINHA *ADIVINHAS* CÉSAR OBEID 36	ORDEM ALFABÉTICA: NOME DOS COLEGAS LETRAS **B** E **P** 40		OUVINDO UMA HISTÓRIA DE CORDEL 45
3 **EU RESPEITO OS OUTROS** PÁGINA 56	FÁBULA *O LEÃO E O RATINHO* GUILHERME FIGUEIREDO 58	LETRAS MAIÚSCULAS E MINÚSCULAS DICIONÁRIO: ORDEM PELA SEGUNDA LETRA 62		NARRANDO FÁBULAS 67
4 **EU CANTO E CONTO** PÁGINA 78	CANTIGA ACUMULATIVA *NA LOJA DO MESTRE ANDRÉ* DA TRADIÇÃO POPULAR 80	SÍLABAS: FORMANDO PALAVRAS LETRA **C** 84	REESCREVENDO QUADRINHAS 90	RECONTANDO UM CONTO 91
5 **EU SOU CURIOSO** PÁGINA 102	MITO *O MAGUARI E O SONO* RICARDO PRADO 104	FORMAÇÃO DE PALAVRAS LETRAS **R** E **L** NO MEIO DA SÍLABA 108	CRIANDO TRAVA-LÍNGUAS 112	ACOMPANHANDO UMA AULA 113
6 **EU CUIDO DOS ANIMAIS** PÁGINA 122	NOTÍCIA *GAROTINHA ADOTA E ENSINA LÍNGUA DE SINAIS PARA CÃO TAMBÉM SURDO* 124	FRASE SOM NASAL: TIL 130	DANDO TÍTULO A UMA NOTÍCIA 134	APRESENTANDO UMA NOTÍCIA 135
7 **EU FAÇO AMIGOS** PÁGINA 146	CAPA DE LIVRO *DOWNTOWN* N. LANG E R. GARCÍA 148	SUBSTANTIVO INHO/INHA, ZINHO/ZINHA 154	ESCREVENDO UMA MENSAGEM 158	RELATANDO UMA EXPERIÊNCIA PESSOAL 159
8 **EU FAÇO DE CONTA** PÁGINA 168	CONTO DE FADAS *CINDERELA* MARÍA MAÑERU 170	DICIONÁRIO: VERBETE SEPARAÇÃO ENTRE PALAVRAS 175		ENTREVISTANDO UM ADULTO 179

ILUSTRAÇÕES: FABIANA SALOMÃO, FÁBIO EUGÊNIO, VANESSA ALEXANDRE

	TEXTO 2	PARA FALAR E ESCREVER MELHOR			
		GRAMÁTICA E ORTOGRAFIA	**MEMÓRIA VISUAL**	**COMUNICAÇÃO ESCRITA**
	PARLENDA *DOM FREDERICO* DA TRADIÇÃO POPULAR **22**	ALFABETO E NOMES LETRAS **F** E **V** **26**	LETRAS **F** E **V** **32**	PARLENDA CADERNO DO ESCRITOR **16**
	CARTA ENIGMÁTICA *UM PRESENTE ENIGMÁTICO* MÁRCIA KUPSTAS **46**	DICIONÁRIO: ORDEM PELA PRIMEIRA LETRA LETRAS **C** E **G** **50**	LETRAS **B** E **P**, **C** E **G** **54**	CARTA ENIGMÁTICA CADERNO DO ESCRITOR **20**
	PROPAGANDA *RESPEITO* **68**	ALFABETO: LETRA CURSIVA LETRAS **B** E **P**, **F** E **V**, **C** E **G**, **D** E **T** **71**	LETRAS **B** E **P**, **F** E **V**, **C** E **G**, **D** E **T** **76**	CARTAZ CADERNO DO ESCRITOR **24**
	CONTO ACUMULATIVO *O MACACO E O RABO* SÍLVIO ROMERO **92**	USO DE LETRA INICIAL MAIÚSCULA **C** E **QU** **96**	**C** COM SOM S; **C** COM SOM K; E QU **100**	CANTIGA ACUMULATIVA CADERNO DO ESCRITOR **28**
	FICHA DESCRITIVA *GARÇA-MOURA* **114**	DICIONÁRIO: ORDENAÇÃO COMPLETA LETRAS **R** E **L** EM FINAL DE SÍLABA **116**	**L** E **R** NO MEIO E EM FINAL DE SÍLABA **120**	FICHA DESCRITIVA CADERNO DO ESCRITOR **32**
	TEXTO DRAMÁTICO *A ONÇA, A ANTA E O MACACO* JOSÉ CARLOS ARAGÃO **136**	FRASE E PONTUAÇÃO SOM NASAL: **M** E **N** **140**	SOM NASAL: TIL, **M** E **N** **144**	NOTÍCIA CADERNO DO ESCRITOR **36**
	E-MAIL **160**	SINGULAR E PLURAL ÃO/ONA **163**	INHO/INHA, ZINHO/ZINHA, ÃO/ONA **166**	E-MAIL CADERNO DO ESCRITOR **40**
	CONTO DE FADAS MODERNO *CINDERELA* MAURÍCIO VENEZA **180**	SINÔNIMOS E ANTÔNIMOS LETRAS **L** E **U** **185**	LETRAS **L** E **U** **190**	CONTO DE FADAS CADERNO DO ESCRITOR **44**
	ENCARTADOS **193**			

UNIDADE 1 — EU ME DIVIRTO

PLAYGROUND, DE ANDREW MACARA, 1998.

O QUE EU VEJO

OBSERVE A IMAGEM E CONVERSE COM OS COLEGAS.

- O QUE ESTAS CRIANÇAS ESTÃO FAZENDO?
- EM QUE LUGAR ELAS ESTÃO?

O QUE EU SEI

AGORA, FALE DE VOCÊ.
- COMO VOCÊ COSTUMA SE DIVERTIR?
- QUEM SÃO SEUS PARCEIROS NA DIVERSÃO?

TEXTO 1

OBSERVE COM ATENÇÃO OS DESENHOS DESTA **HISTÓRIA EM QUADRINHOS**. DEPOIS, LEIA O TEXTO COM A AJUDA DO PROFESSOR.

LER POR PRAZER

GARFIELD — JIM DAVIS

JIM DAVIS. GARFIELD: *UM GATO DE PESO*. PORTO ALEGRE: L&PM, 2006. V. 3.

VOCÊ CONHECE O GARFIELD?

O GATO MAIS FAMOSO, PREGUIÇOSO E GULOSO DAS HISTÓRIAS EM QUADRINHOS FOI CRIADO EM 1978 PELO ESTADUNIDENSE JIM DAVIS.

O PRATO PREFERIDO DE GARFIELD É LASANHA E O NOME DE SEU DONO É JON.

PARA COMPREENDER O TEXTO

1 CONVERSE COM OS COLEGAS.

- EM QUAL QUADRINHO COMEÇA A HISTÓRIA?
- O QUE GARFIELD ESTÁ TENTANDO FAZER?
- ELE ESTÁ CONSEGUINDO? POR QUÊ?

2 OBSERVE ESTES DOIS QUADRINHOS. NO DA ESQUERDA, O GATO ESTÁ FALANDO. NO OUTRO, ELE ESTÁ PENSANDO.

- COMO A FALA FOI INDICADA? E O PENSAMENTO?

3 AGORA, OBSERVE NOVAMENTE O SEXTO QUADRINHO.

- O QUE SIGNIFICA A LÂMPADA DENTRO DO BALÃO DE PENSAMENTO?

_____
_____

4 OBSERVE O ÚLTIMO QUADRINHO DA HISTÓRIA.

- O QUE GARFIELD ESTÁ FAZENDO?
- O QUE ELE FEZ PARA SE SENTIR MAIS CONFORTÁVEL?
- O QUE O DONO DO GATO PARECE ESTAR PENSANDO?
- VOCÊ CONHECE UM GATO COMO ESSE?

PARA FALAR E ESCREVER MELHOR

LETRAS E PALAVRAS

1 OBSERVE ESTAS IMAGENS E CONVERSE COM OS COLEGAS.

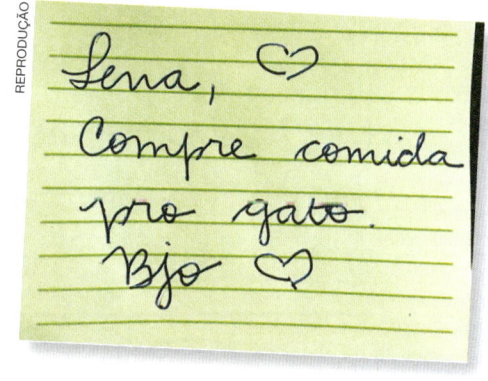

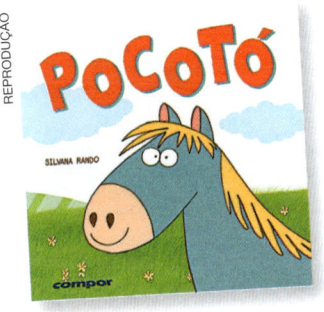

- QUE IMAGENS VOCÊ VÊ?
- EM QUAIS DELAS HÁ TEXTOS ESCRITOS?
- A ESCRITA É IMPORTANTE? EM QUE SITUAÇÕES?
- QUAL É A UTILIDADE DA ESCRITA EM CADA UMA DAS SITUAÇÕES APRESENTADAS NESTA PÁGINA?
- EM QUE OUTRAS SITUAÇÕES A ESCRITA PODE AJUDAR VOCÊ?

PARA FALAR E ESCREVER MELHOR

2 TALVEZ VOCÊ NEM PERCEBA, MAS JÁ SABE MUITO SOBRE A ESCRITA. QUER VER?

- PENSE EM ALGUMAS LETRAS QUE VOCÊ JÁ CONHECE.
- RECORTE AS LETRAS MÓVEIS DAS PÁGINAS 193 A 199 E FORME PALAVRAS COM ESSAS LETRAS.
- DEPOIS, ESCREVA-AS NO QUADRO ABAIXO.

LETRAS	PALAVRAS

- MOSTRE A UM COLEGA O QUE VOCÊ ESCREVEU E VEJA SE ELE CONSEGUE LER.
- VEJA TAMBÉM SE ELE SE LEMBRA DE OUTRAS PALAVRAS ESCRITAS COM ESSAS LETRAS.
- FAÇA O MESMO COM AS PALAVRAS QUE ELE ESCREVEU.

PARA FALAR E ESCREVER MELHOR

3 OBSERVE AS IMAGENS E RESPONDA ÀS PERGUNTAS.

- QUAL É O NOME DESTA REVISTA?

_____

_____

- QUAL É O TÍTULO DO LIVRO AO LADO?

_____

_____

4 QUE OUTROS NOMES VOCÊ SABE ESCREVER?

- NOMES DE PERSONAGENS:

_____

_____

- NOMES DE PESSOAS:

_____

_____

- OUTROS NOMES (DE HISTÓRIAS, DE MÚSICAS, DE JOGOS ETC.):

_____

_____

PARA FALAR E ESCREVER MELHOR

SÍLABA

1. COM UM COLEGA, ORGANIZE AS SÍLABAS E DESCUBRA NOMES DE ANIMAIS.

TO	GA			➡ _____
NO	PE	CA	LI	➡ _____
LO	CO	CRO	DI	➡ _____
RA	NHA	A		➡ _____

2. COM UM COLEGA, COMPLETE O DIAGRAMA COM OS NOMES DAS FRUTAS.

- ESCREVAM UMA SÍLABA EM CADA QUADRINHO.
- SE PRECISAREM, USEM O BANCO DE PALAVRAS.

2 SÍLABAS	3 SÍLABAS	4 SÍLABAS
PERA	AMEIXA	CUPUAÇU
JACA	AMORA	CARAMBOLA
CAJU	LARANJA	ABACAXI
CAQUI	LICHIA	ABACATE

19

PARA FALAR E ESCREVER MELHOR

OFICINA DAS PALAVRAS — QUEM SOU EU?

- ESCREVA UM POUCO SOBRE VOCÊ PARA QUE SEUS COLEGAS O CONHEÇAM MELHOR.

MEU NOME:
_____

MINHA IDADE:
_____

GOSTO DE BRINCAR DE:
_____

MINHA COMIDA PREFERIDA:
_____

MEU TIME DO CORAÇÃO:
_____

MINHA PERSONAGEM DE DESENHO ANIMADO PREFERIDA:
_____

O QUE EU MAIS GOSTO DE FAZER NA ESCOLA:
_____

QUANDO EU CRESCER, QUERO SER:
_____

PARA FALAR E ESCREVER MELHOR

COMUNICAÇÃO ORAL — RECITANDO TRAVA-LÍNGUAS

1 A CLASSE VAI REALIZAR UM CONCURSO DE RECITAÇÃO DE TRAVA-LÍNGUAS.

2 GUARDE BEM AS REGRAS DO CONCURSO.
- RECITAR O TRAVA-LÍNGUA SEM LER.
- RECITAR O MAIS RÁPIDO POSSÍVEL, SEM GAGUEJAR NEM ENROLAR A LÍNGUA.
- PRONUNCIAR TODAS AS PALAVRAS CLARAMENTE.
- O VENCEDOR SERÁ ESCOLHIDO PELA CLASSE.

3 ESCOLHA UM DOS TRAVA-LÍNGUAS ABAIXO PARA VOCÊ RECITAR.
- ENSAIE SEU TRAVA-LÍNGUA QUANTAS VEZES PRECISAR. VOCÊ PODE USAR GESTOS PARA TORNAR SUA RECITAÇÃO MAIS DIVERTIDA.

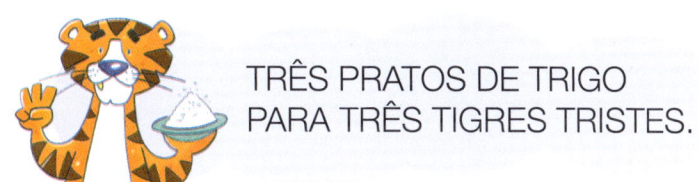

TRÊS PRATOS DE TRIGO PARA TRÊS TIGRES TRISTES.

A VACA MALHADA FOI MOLHADA POR OUTRA VACA MOLHADA E MALHADA.

O COZINHEIRO COCHICHOU QUE HAVIA COZIDO CHUCHU CHOCHO NUM TACHO SUJO.

AUTOAVALIAÇÃO	👍	👎
RECITEI BEM DEPRESSA O TRAVA-LÍNGUA?		
PRONUNCIEI CLARAMENTE AS PALAVRAS?		
FIZ UMA APRESENTAÇÃO DIVERTIDA?		

O TEXTO A SEGUIR É UMA **PARLENDA**. ACOMPANHE A LEITURA DO PROFESSOR E DESCUBRA COMO SE BRINCA COM ELA.

LER POR PRAZER

DOM FREDERICO
(PARA BRINCAR EM DUPLA)

DOM FREDERICO PERDEU O JUÍZO,
PODE CASAR COM A COSTUREIRA.
A COSTUREIRA PERDEU O DEDÃO,
PODE CASAR COM O CAPITÃO.
O CAPITÃO PERDEU A ESPADA,
PODE CASAR COM A BELA AMADA.
A BELA AMADA PERDEU OS BRINCOS,
PODE CASAR COM DOM FRE-DE-RI-CO.
DOM FREDERICO DISSE QUE NÃO,
A BELA AMADA CAIU NO CHÃO.
DOM FREDERICO DISSE QUE SIM,
A BELA AMADA SORRIU ASSIM.

DA TRADIÇÃO POPULAR.

PARA COMPREENDER O TEXTO

ÁUDIO
DOM FREDERICO

1 CONVERSE COM OS COLEGAS.
- VOCÊ JÁ BRINCOU USANDO ESSA PARLENDA?
- QUE OUTRAS PARLENDAS VOCÊ CONHECE?

> **FIQUE SABENDO**
> **PARLENDAS** SÃO VERSOS DIVERTIDOS, RECITADOS PARA ACOMPANHAR UMA BRINCADEIRA OU PARA ESCOLHER QUEM COMEÇA UM JOGO.

2 ESCREVA OS VERSOS DA PARLENDA CORRESPONDENTES ÀS FIGURAS.

ILUSTRAÇÕES: LENINHA LACERDA

3 COPIE DA PARLENDA AS PALAVRAS QUE TÊM SONS FINAIS IGUAIS A **DEDÃO**.

4 NO OITAVO VERSO DA PARLENDA, A PALAVRA **FREDERICO** APARECE DIVIDIDA EM SÍLABAS: **FRE-DE-RI-CO**.
- COMO ELA DEVE SER FALADA?

PARA COMPREENDER O TEXTO

5 COPIE AS PALAVRAS DA PARLENDA QUE CORRESPONDEM A ESTAS FIGURAS.

 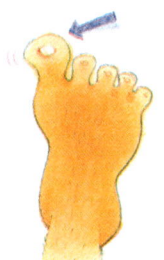

_____   _____

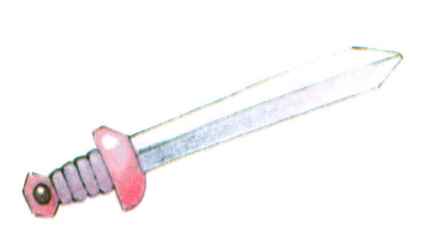 

_____   _____

6 AGORA, LEIA ESTA PARLENDA DE PULAR CORDA.

TREPEI NA ROSEIRA,
QUEBREI UM GALHO.
ME ACUDA, [NOME DA PESSOA]
SENÃO EU CAIO.

MARIA JOSÉ NÓBREGA E ROSANE PAMPLONA. *SALADA, SALADINHA*. SÃO PAULO: MODERNA, 2005.

ÁUDIO
TREPEI NA ROSEIRA

- O QUE SIGNIFICA O TRECHO *[NOME DA PESSOA]*? MARQUE **X** NA RESPOSTA.

  ☐ NESSE MOMENTO, QUEM ESTÁ PULANDO CORDA DEVE RECITAR O PRÓPRIO NOME.

  ☐ NESSE MOMENTO, QUEM ESTÁ PULANDO CORDA DEVE FALAR O NOME DO PRÓXIMO PARTICIPANTE A PULAR CORDA.

PARA COMPREENDER O TEXTO

7 SEU PROFESSOR VAI ENSINAR A BRINCADEIRA DE GATO E RATO.

- DEPOIS DE OUVIR AS REGRAS, APRENDA A PARLENDA PARA RECITÁ-LA ENQUANTO BRINCA.
- LEIA O TEXTO EM VOZ ALTA.
- COMPLETE OS VERSOS COM AS PALAVRAS QUE FALTAM.

ÁUDIO GATO E RATO

GATO E RATO

— QUE HORAS SÃO?

— UMA HORA!

— QUE HORAS SÃO?

— DUAS _____!

— QUE HORAS SÃO?

— TRÊS _____!

— SEU RATINHO JÁ CHEGOU?

— AINDA NÃO.

— QUE HORAS SÃO?

— QUATRO HORAS!

— QUE _____ SÃO?

— ...

— SEU _____ JÁ CHEGOU?

— JÁ!

PARA FALAR E ESCREVER MELHOR

ALFABETO E NOMES

1 RELEMBRE O ALFABETO.

ALEXANDRE DUBIELA

- COPIE DO ALFABETO AS LETRAS QUE ESTÃO EM VERMELHO.

  _____

- AGORA, COPIE AS OUTRAS LETRAS.

  _____

  _____

2 VOCÊ SABE COMO SÃO CHAMADAS AS LETRAS QUE VOCÊ COPIOU NA ATIVIDADE 1?

> AS LETRAS **A**, **E**, **I**, **O**, **U** SÃO CHAMADAS **VOGAIS**.
>
> AS LETRAS **B**, **C**, **D**, **F**, **G**, **H**, **J**, **K**, **L**, **M**, **N**, **P**, **Q**, **R**, **S**, **T**, **V**, **X**, **Z** SÃO CHAMADAS **CONSOANTES**.

PARA FALAR E ESCREVER MELHOR

3 LEIA ESTES NOMES.

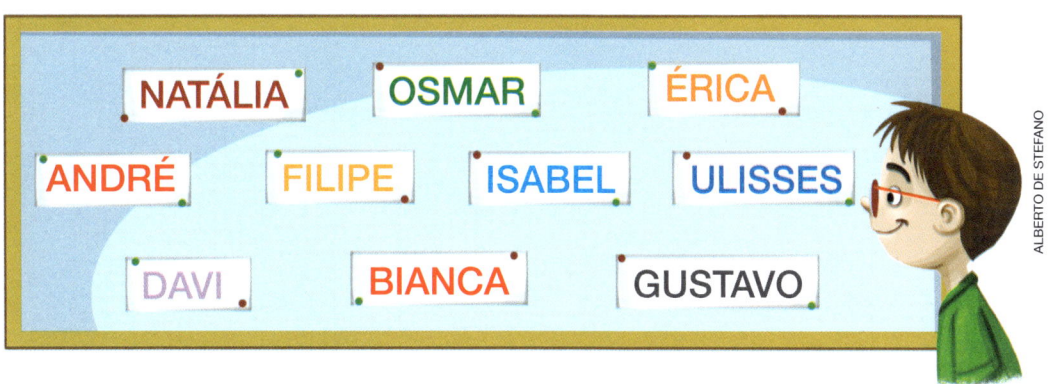

- ESCREVA OS NOMES QUE COMEÇAM COM VOGAL.

_____

_____

- ESCREVA OS NOMES QUE COMEÇAM COM CONSOANTE.

_____

_____

4 LEIA EM VOZ ALTA ESTES DOIS NOMES.

- COM QUE LETRA INICIAL OS DOIS NOMES SÃO ESCRITOS?

_____

- VOCÊ OBSERVOU ALGUMA DIFERENÇA NO SOM DESSA LETRA?

_____

_____

> A LETRA **K** É CONSOANTE, COMO EM *KARINA*.
>
> A LETRA **W** É CONSOANTE QUANDO TEM O SOM **V**, COMO EM *WÁGNER*, E É VOGAL QUANDO TEM O SOM **U**, COMO EM *WÍLSON*.
>
> A LETRA **Y** É VOGAL, COMO EM *MARLY*.

PARA FALAR E ESCREVER MELHOR

5 ESCREVA SEU NOME.

- CIRCULE AS **VOGAIS** DE VERMELHO E AS **CONSOANTES** DE AZUL.

6 ESCREVA O NOME DO COLEGA QUE SE SENTA À SUA DIREITA.

- CIRCULE AS **VOGAIS** DE VERMELHO E AS **CONSOANTES** DE AZUL.

7 AGORA, ESCREVA O NOME DO COLEGA QUE SE SENTA À SUA ESQUERDA.

- CIRCULE AS **VOGAIS** DE VERMELHO E AS **CONSOANTES** DE AZUL.

8 TRAGA PARA A CLASSE EMBALAGENS DE TRÊS PRODUTOS E COPIE O NOME DELES.

- USE A COR VERMELHA PARA AS **VOGAIS** E A AZUL PARA AS **CONSOANTES**.

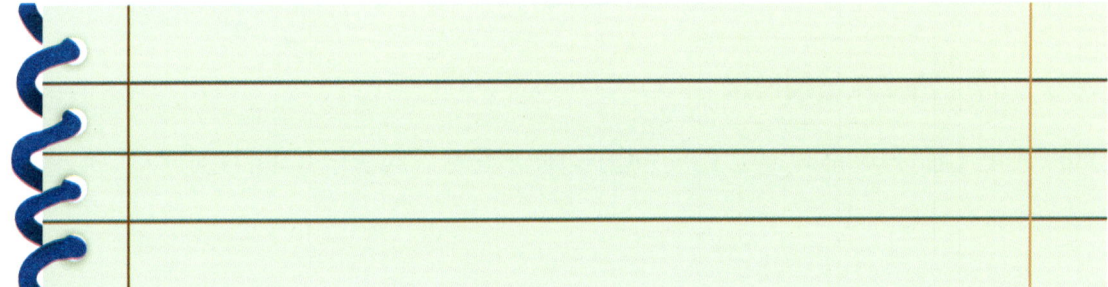

- AGORA, PEÇA A UM COLEGA QUE LEIA OS NOMES QUE VOCÊ ESCREVEU E QUE OS COPIE USANDO AS MESMAS CORES QUE VOCÊ USOU. FAÇA O MESMO COM OS NOMES QUE ELE ESCREVEU.

PARA FALAR E ESCREVER MELHOR

9 O PROFESSOR VAI FAZER UMA LISTA COM O NOME DOS COLEGAS DA CLASSE. COLE-A ABAIXO.

- ESCREVA O NÚMERO DE NOMES COMEÇADOS COM:

    ☐ VOGAL.   ☐ CONSOANTE.

PARA FALAR E ESCREVER MELHOR

LETRAS F E V

1 OBSERVE ESTAS FIGURAS.

- ESCREVA NOS QUADROS O NOME DAS FIGURAS.

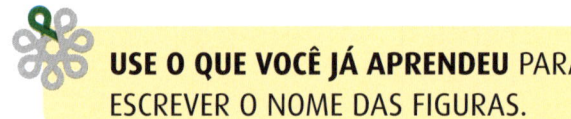

USE O QUE VOCÊ JÁ APRENDEU PARA ESCREVER O NOME DAS FIGURAS.

PALAVRAS QUE TÊM A LETRA **F**

PALAVRAS QUE TÊM A LETRA **V**

PARA FALAR E ESCREVER MELHOR

AS LETRAS **F** E **V** TÊM SONS PARECIDOS.

DURANTE A LEITURA, PRESTE ATENÇÃO A ESSES SONS PARA PERCEBER A DIFERENÇA ENTRE ELES.

QUANDO ESTIVER ESCREVENDO, FIQUE ATENTO TAMBÉM PARA NÃO ERRAR NA ESCRITA.

2 LEIA EM VOZ ALTA O TRAVA-LÍNGUA.

A FILHA DA VELHA VERA FEZ UMA FESTA E CONVIDOU O FILHO DO VELHO VÍTOR, A FILHA DO FILHO DO VELHO VÍTOR E O VELHO VÍTOR.

- DEPOIS DE MEMORIZÁ-LO, FECHE O LIVRO E ESCREVA-O NO CADERNO.

3 AGORA, COMPARE SUA ESCRITA COM O TRAVA-LÍNGUA.

- VOCÊ FEZ ALGUMA TROCA DA LETRA **F** PELA LETRA **V** OU DA LETRA **V** PELA LETRA **F**?

☐ SIM.   ☐ NÃO.

Atividade interativa
F ou V?

- SE HOUVE ALGUMA TROCA, REESCREVA A PALAVRA OU AS PALAVRAS CORRETAMENTE.

_____

_____

PARA FALAR E ESCREVER MELHOR

MEMÓRIA VISUAL

DOAÇÃO DE BRINQUEDOS USADOS

ORGANIZE OS BRINQUEDOS QUE SERÃO DOADOS PARA OUTRAS CRIANÇAS.

- PINTE-OS NA COR DAS CAIXAS EM QUE SERÃO COLOCADOS.

  PALAVRAS COM **F**

  PALAVRAS COM **V**

PARA FALAR E ESCREVER MELHOR

COMUNICAÇÃO ESCRITA

HORA DE PRODUZIR UM TEXTO! VÁ PARA A PÁGINA 16 DO CADERNO DO ESCRITOR.

UNIDADE

2 EU DECIFRO CHARADAS

ILUSÃO DE ÓTICA EM PADRÃO HEXAGONAL.

O QUE EU VEJO

OBSERVE A IMAGEM E CONVERSE COM OS COLEGAS.

- O QUE VOCÊ VÊ NESTA IMAGEM?
- AS FORMAS REPRESENTADAS SÃO TODAS IGUAIS?
- AS FIGURAS PARECEM MUDAR DE POSIÇÃO. VOCÊ CONSEGUE VER ESSA MUDANÇA?

O QUE EU SEI

AGORA, FALE DE VOCÊ.

- QUE SENSAÇÃO ESSA IMAGEM PROVOCA?
- VOCÊ ACHA QUE ESSA IMAGEM É UM TIPO DE CHARADA?
- VOCÊ GOSTA DE DECIFRAR CHARADAS? POR QUÊ?

TEXTO 1

OS TEXTOS A SEGUIR SÃO **ADIVINHAS**. ACOMPANHE A LEITURA DO PROFESSOR E TENTE DECIFRAR CADA UMA. DEPOIS, COMPLETE OS VERSOS COM A RESPOSTA.

DICA: A RESPOSTA DEVE RIMAR COM ALGUMA PALAVRA DOS VERSOS ANTERIORES.

LER POR PRAZER

ADIVINHAS

1

VOU MANDAR AS ADIVINHAS
PARA O POVO DESSE ESPAÇO
QUERO QUE VOCÊS RESPONDAM
SEM COMETER EMBARAÇO
QUAL É UMA PEÇA INTEIRA
MAS TEM NOME DE PEDAÇO?

*A RESPOSTA ENTÃO EU FAÇO
COM A RIMA QUE PASSEIA
QUE RESPONDO A ADIVINHA
PARA O POVO DA MINHA ALDEIA
SE É UMA PEÇA INTEIRA
VAI NO PÉ E É UMA _____.*

2

OUTRA BRINCADEIRA EM RIMAS
EU AQUI VOU FABRICANDO
TODO O MUNDO UM DIA FEZ
E FICOU ADMIRANDO
QUANTO MAIS DELE RETIRO
MAIOR ELE VAI FICANDO?

*ESSA RESPONDO PORQUE
NÃO SOU UM POETA FRACO
JÁ BRINQUEI BASTANTE DISSO
LÁ NA PRAIA, EU DESTACO
AUMENTANDO AO TIRAR
AO CAVAR QUALQUER _____.*

CÉSAR OBEID. *MINHAS RIMAS DE CORDEL*. SÃO PAULO: MODERNA, 2005.

ILUSTRAÇÕES: ALEXANDRE DUBIELA

PARA COMPREENDER O TEXTO

1 CONVERSE COM OS COLEGAS.
- VOCÊ CONSEGUIU RESOLVER AS ADIVINHAS?
- COMO VOCÊ AS RESOLVEU?
- QUE ADIVINHA VOCÊ ACHOU MAIS FÁCIL? POR QUÊ?

> **FIQUE SABENDO**
>
> A **ADIVINHA** É UMA CHARADA, OU SEJA, UMA BRINCADEIRA COM PALAVRAS EM QUE A RESPOSTA ESTÁ ESCONDIDA NA PRÓPRIA PERGUNTA.

2 NA ADIVINHA 2, O POETA DIZ: "NÃO SOU UM POETA FRACO". O QUE ELE QUIS DIZER? PINTE O QUADRADINHO COM A SUA RESPOSTA.

☐ ELE QUIS DIZER QUE É UM POETA FORTE.

☐ ELE QUIS DIZER QUE É UM POETA SABIDO.

JOGO ADIVINHAS

3 LIGUE CADA ADIVINHA À RESPOSTA CORRESPONDENTE.

O QUE É, O QUE É?

1 QUANTO MAIS SE TIRA DELE, MAIS ELE AUMENTA.

2 É UMA PEÇA INTEIRA, MAS TEM NOME DE PEDAÇO.

PÁ   MEIA   SAPATO   BURACO   AREIA

PARA COMPREENDER O TEXTO

> **FIQUE SABENDO**
>
> AS ADIVINHAS QUE VOCÊ LEU NA PÁGINA 36 ESTÃO ESCRITAS EM FORMA DE **CORDEL**, QUE É UMA LITERATURA POPULAR DO NORDESTE BRASILEIRO FEITA EM VERSOS.
>
> AS ESTROFES DO CORDEL TÊM SEIS VERSOS. TRÊS DESSES VERSOS APRESENTAM RIMAS ENTRE SI. ESSE TIPO DE ESTROFE DO CORDEL É CHAMADO **SEXTILHA**.

4 ENCONTRE NAS ADIVINHAS DO CORDEL AS PALAVRAS QUE RIMAM COM ESTAS.

ESPAÇO → _____

FABRICANDO → _____

5 LEIA OUTRA ESTROFE DO CORDEL. NUMERE OS VERSOS E RESOLVA A ADIVINHA.

☐ QUERO VER VOCÊS QUEBRAREM
☐ DA CHARADA O CAROÇO
☐ SE PRECISO ATÉ FAÇAM
☐ ESCARCÉU E ALVOROÇO
☐ TEM A BOCA NA BARRIGA
☐ E A CORDA NO PESCOÇO?

CÉSAR OBEID. *MINHAS RIMAS DE CORDEL*. SÃO PAULO: MODERNA, 2005.

ESCARCÉU → CONFUSÃO

• ADIVINHOU? ESCREVA A RESPOSTA.

_____

• SUBLINHE AS PALAVRAS QUE RIMAM.

PARA COMPREENDER O TEXTO

6 OBSERVE AS PALAVRAS QUE VOCÊ SUBLINHOU NA ATIVIDADE 5 E INDIQUE O NÚMERO DOS VERSOS.

- VERSOS QUE APRESENTAM RIMAS: ☐, ☐ E ☐.

- VERSOS QUE NÃO APRESENTAM RIMAS: ☐, ☐ E ☐.

7 LEIA MAIS ESTA ADIVINHA.

ADIVINHE QUEM EU SOU!

EU TENHO CINCO PONTINHAS,
CADA UMA DE UM TAMANHO.
EU COÇO A CABEÇA,
MAS NÃO TENHO CABEÇA.
EU TENHO COSTAS,
MAS NÃO TENHO PEITO.
EU TENHO UMA IRMÃZINHA,
QUE É IGUALZINHA A MIM.
MAS, SE VOCÊ GOSTA DE FESTA
E DE CANTAR "PARABÉNS",
EU BATO NA MINHA IRMÃ
E A MINHA IRMÃ BATE EM MIM!

PEDRO BANDEIRA. *POR ENQUANTO EU SOU PEQUENO*.
SÃO PAULO: MODERNA, 2009.

> **DICA**
>
> CANTE *PARABÉNS A VOCÊ* COM SEUS COLEGAS COMO SE ESTIVESSEM EM UMA FESTA.

- DESENHE A RESPOSTA DA ADIVINHA.

PARA FALAR E ESCREVER MELHOR

ORDEM ALFABÉTICA

1 OBSERVE ATENTAMENTE ESTAS LISTAS COM NOMES DE MENINAS E DE MENINOS.

JOÃO GABRIEL	ALFREDO
RAFAEL	AMANDA
OSMAR	ANA BEATRIZ
HÉLIO	BERNARDO
KÁTIA	DANIELA
NATÁLIA	FLÁVIA
AMANDA	GÉRSON
VÍTOR	GUSTAVO
DANIELA	HÉLIO
FLÁVIA	ISABELA
BERNARDO	IVAN
MARCOS	JOÃO GABRIEL
IVAN	KÁTIA
GÉRSON	LEONARDO
ANA BEATRIZ	MARCELO
ISABELA	MARCOS
GUSTAVO	NATÁLIA
ALFREDO	OSMAR
LEONARDO	RAFAEL
TALITA	TALITA
MARCELO	VÍTOR

• O QUE VOCÊ OBSERVOU DE DIFERENTE NESSAS LISTAS?

PARA FALAR E ESCREVER MELHOR

- ENCONTRE OS NOMES **BERNARDO**, **ANA BEATRIZ**, **FLÁVIA**, **VÍTOR** E **GUSTAVO** NA LISTA DA ESQUERDA E CIRCULE-OS.
- ENCONTRE ESSES MESMOS NOMES NA LISTA DA DIREITA E CIRCULE-OS.
- EM QUAL LISTA FOI MAIS FÁCIL LOCALIZAR OS NOMES?
- POR QUE VOCÊ ACHA QUE FOI MAIS FÁCIL ENCONTRAR OS NOMES NESSA LISTA?

2 O QUE MAIS PODE SER ORGANIZADO EM ORDEM ALFABÉTICA?

3 PARA QUE SERVE A ORDEM ALFABÉTICA?

NA **ORDEM ALFABÉTICA**, AS PALAVRAS SEGUEM A ORDEM DAS LETRAS NO ALFABETO. PALAVRAS INICIADAS COM **A** APARECEM ANTES DE PALAVRAS INICIADAS COM **B**, E ASSIM POR DIANTE.

EXEMPLOS: **A**RANHA, **C**ADEADO, **T**ESOURA.

PARA FALAR E ESCREVER MELHOR

4 ESCREVA O NOME DE SEIS MENINAS DE SUA CLASSE EM ORDEM ALFABÉTICA.

_____
_____
_____
_____

5 AGORA, ESCREVA O NOME DE SEIS MENINOS DE SUA CLASSE EM ORDEM ALFABÉTICA.

_____
_____
_____
_____

6 ESCREVA EM ORDEM ALFABÉTICA O NOME DOS COLEGAS DA CLASSE COM QUEM VOCÊ MAIS TEM AMIZADE.

_____
_____
_____
_____
_____

PARA FALAR E ESCREVER MELHOR

LETRAS B E P

1 O PROFESSOR VAI LER TRÊS QUADRINHAS.

BATATINHA, QUANDO NASCE,
ESPALHA A RAMA PELO CHÃO.
MENININHA, QUANDO DORME,
PÕE A MÃO NO CORAÇÃO.

EU SOU PEQUENININHA,
DO TAMANHO DE UM BOTÃO,
LEVO O PAPAI NO BOLSO
E A MAMÃE NO CORAÇÃO.

SE ESTA RUA FOSSE MINHA,
EU MANDAVA LADRILHAR
COM PEDRINHAS DE BRILHANTE
PARA O MEU AMOR PASSAR.

DA TRADIÇÃO POPULAR.

- CIRCULE AS PALAVRAS QUE O PROFESSOR VAI DITAR.

2 COPIE AS PALAVRAS QUE VOCÊ CIRCULOU ORGANIZANDO-AS EM DOIS GRUPOS.

PALAVRAS COM A LETRA B	PALAVRAS COM A LETRA P

PARA FALAR E ESCREVER MELHOR

3 ESCREVA O NOME DESTES ANIMAIS.

- CONSULTE AS PALAVRAS QUE VOCÊ ESCREVEU E RESPONDA.

QUE ANIMAL É UM DOS MAIORES MEMBROS DA FAMÍLIA DOS FELINOS?

QUE ANIMAL É UM DOS MAIORES MAMÍFEROS DO PLANETA TERRA?

QUE ANIMAL É CONHECIDO COMO GOLFINHO DE ÁGUA DOCE, POIS VIVE NOS RIOS E NÃO NOS MARES?

QUAL É O ANIMAL MARINHO QUE TEM O CORPO MOLE E OITO TENTÁCULOS?

PARA FALAR E ESCREVER MELHOR

COMUNICAÇÃO ORAL — OUVINDO UMA HISTÓRIA DE CORDEL

1. VOCÊ VAI OUVIR UMA HISTÓRIA DA LITERATURA DE CORDEL.

> ÁUDIO
> *A VELHOTA FOFOQUEIRA*

> TRATA-SE DA DIVERTIDA HISTÓRIA *A VELHOTA FOFOQUEIRA*, ESCRITA POR CÉSAR OBEID, UM APAIXONADO PELA CULTURA POPULAR. CÉSAR DEDICA PARTE DE SEU TEMPO À DIVULGAÇÃO DA LITERATURA DE CORDEL, ALÉM DE PRODUZIR MUITOS CORDÉIS PARA LEITORES DE TODAS AS IDADES.

ALEXANDRE DUBIELA

2. OUÇA ATENTAMENTE A HISTÓRIA.
- PRESTE ATENÇÃO NO JEITO COMO A HISTÓRIA É CONTADA.
- IMAGINE COMO SÃO AS PERSONAGENS.
- ACOMPANHE O QUE ACONTECE COM ELAS.

3. CONVERSE COM OS COLEGAS SOBRE A HISTÓRIA.

> **OUÇA COM ATENÇÃO E RESPEITO** O COMENTÁRIO DOS COLEGAS.

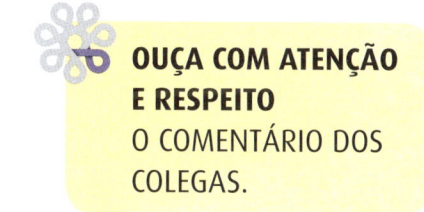

- O TÍTULO DA HISTÓRIA COMBINA COM O QUE FOI CONTADO? POR QUÊ?
- O QUE ACHARAM DA HISTÓRIA? EXPLIQUEM POR QUÊ.
- COMO A HISTÓRIA FOI CONTADA? DO QUE MAIS GOSTARAM?

AUTOAVALIAÇÃO	👍	👎
ACOMPANHEI ATENTAMENTE A HISTÓRIA?		
FIZ COMENTÁRIOS SOBRE A HISTÓRIA?		
OUVI COM ATENÇÃO OS COMENTÁRIOS DOS COLEGAS?		

4. MONTEM UM MURAL CONTANDO A HISTÓRIA *A VELHOTA FOFOQUEIRA* POR MEIO DE DESENHOS.
- DIVIDAM A HISTÓRIA EM PARTES E FORMEM GRUPOS PARA ILUSTRAR CADA PARTE.

TEXTO 2

O TEXTO A SEGUIR É UMA **CARTA ENIGMÁTICA**. PRESTE ATENÇÃO NAS FIGURAS E NAS ORIENTAÇÕES E DECIFRE A MENSAGEM DA CARTA.

LER POR PRAZER

- ANTES DE DECIFRAR A MENSAGEM, DESCUBRA O NOME DO DESTINATÁRIO DA CARTA.

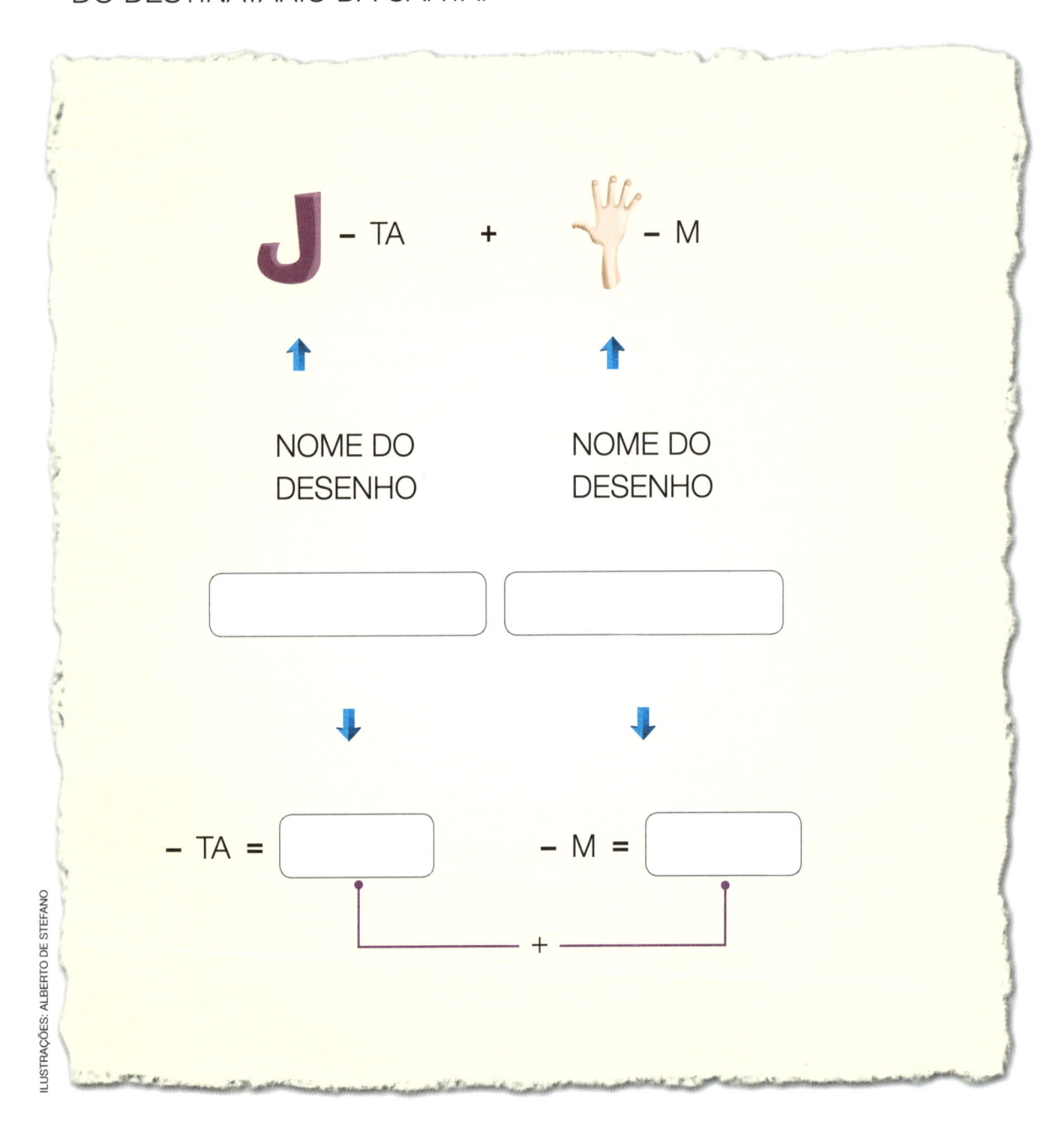

J – TA   +   – M

↑   ↑

NOME DO DESENHO   NOME DO DESENHO

☐   ☐

⬇   ⬇

– TA = ☐   – M = ☐

____ + ____

- A PALAVRA FORMADA É:

☐ + ☐ = _____

ILUSTRAÇÕES: ALBERTO DE STEFANO

46

UM PRESENTE ENIGMÁTICO

ERA ANIVERSÁRIO DE JOÃO. ELE ESPERAVA UM PRESENTE BEM LEGAL DE UMA AMIGA.

RECEBEU UMA CAIXA. QUANDO ABRIU, TODO CONTENTE, DESCOBRIU SÓ ESTA CARTA:

J – TA + 🖐 – M,

🪂 – QUEDAS + B + ☁️ – NUV!

🧀 – IJO + R   🐓 – GA + 💧 – TA

📮 – LO + U   🔩 – GO + S + 🦷 – D?

👁 – O + E   🍌 – BANA

🥛 – PO + 🤐 – PER + 🪱 – LI!

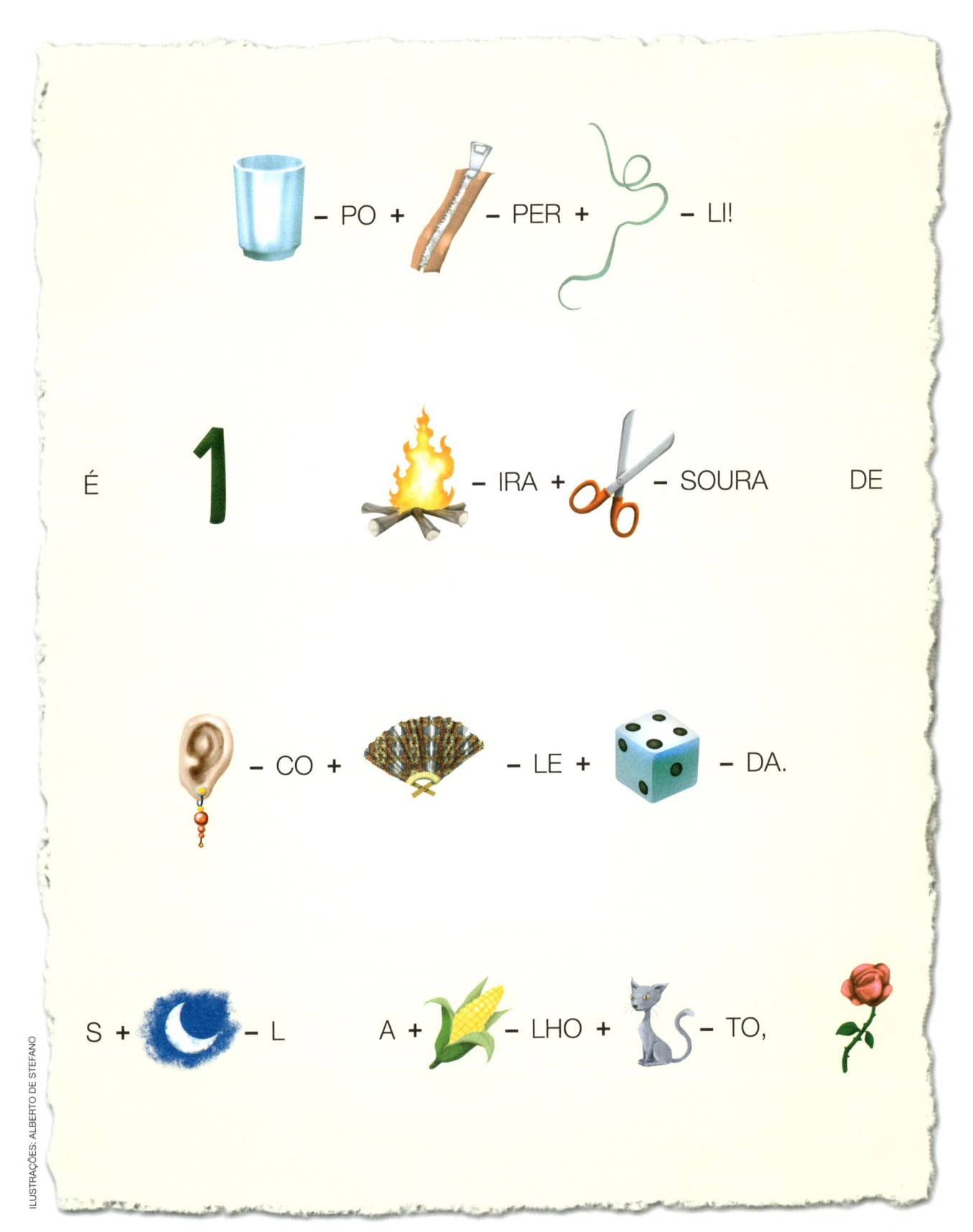

É 1 🔥 – IRA + ✂️ – SOURA DE

👂 – CO + 🪭 – LE + 🎲 – DA.

S + 🌙 – L A + 🌽 – LHO + 🐈 – TO, 🌹

MARCIA KUPSTAS. TEXTO INÉDITO.

- VOCÊ CONSEGUIU DECIFRAR O ENIGMA DA CARTA? DESCOBRIU O PRESENTE QUE JOÃO GANHOU?

PARA COMPREENDER O TEXTO

FIQUE SABENDO

CARTA ENIGMÁTICA É UMA MENSAGEM EM FORMA DE ENIGMAS PARA SER DECIFRADA PELO LEITOR.

PARA DECIFRAR A MENSAGEM É NECESSÁRIO:

- SABER EXATAMENTE O NOME DO DESENHO;
- SEGUIR AS INSTRUÇÕES DE RETIRAR (–) OU JUNTAR (+) SÍLABAS OU LETRAS PARA FORMAR AS PALAVRAS DO TEXTO;
- OBSERVAR OS ESPAÇOS ENTRE AS PALAVRAS.

1 CONVERSE COM OS COLEGAS.

- QUEM ESCREVEU A CARTA ENIGMÁTICA PARA JOÃO?
- ONDE ESTAVA O PRESENTE?
- VOCÊ GOSTARIA DE RECEBER UMA CARTA ENIGMÁTICA?
- ACHOU DIFÍCIL DECIFRAR A CARTA QUE JOÃO RECEBEU?

2 ESCREVA O TEXTO COMPLETO DA MENSAGEM QUE VOCÊ DECIFROU.

PARA FALAR E ESCREVER MELHOR

DICIONÁRIO: ORDEM PELA PRIMEIRA LETRA

1 LEIA.

A LETRA "A"
ASSUSTA
QUEM NÃO
A CONHECE.
MONTANHA CORTADA?
TRIÂNGULO REBELDE?
ESCADA DE UM DEGRAU?
NÃO!
APENAS O PRIMEIRO PASSO
DE TUDO QUE FAÇO.

JOSÉ DE NICOLA. A LETRA "A". EM *ALFABETÁRIO*.
SÃO PAULO: MODERNA, 2002.

- VOCÊ ACHA QUE A LETRA **A** ASSUSTA? POR QUÊ?
- CIRCULE NO POEMA AS PALAVRAS QUE INDICAM A FORMA DA LETRA **A**.

GUARDE BEM

O **DICIONÁRIO** É UM LIVRO QUE CONTÉM UMA COLEÇÃO DE PALAVRAS E SEUS SIGNIFICADOS.

NO DICIONÁRIO, AS PALAVRAS ESTÃO EM **ORDEM ALFABÉTICA**: PRIMEIRO, VÊM AS PALAVRAS COMEÇADAS COM **A**, DEPOIS, AS PALAVRAS COMEÇADAS COM **B**, COM **C**, E ASSIM POR DIANTE.

2 COMPLETE AS PALAVRAS MANTENDO-AS NA ORDEM ALFABÉTICA.

___RCO   ___ATO   ___EITE   ___APO

___OTA   ___ERÓI   ___ARIZ   ___IME

___ADO   ___RMÃ   ___LHO   ___VA

___OLHA   ___IPE   ___OSA   ___EBRA

PARA FALAR E ESCREVER MELHOR

3 ESCREVA O NOME DESTES ANIMAIS.

- CIRCULE A LETRA INICIAL DESSES NOMES. DEPOIS, COPIE-OS EM ORDEM ALFABÉTICA.

4 LIGUE OS PONTOS SEGUINDO A ORDEM ALFABÉTICA E DESCUBRA UM ANIMAL QUE VIVE NO MAR. DEPOIS, PINTE O DESENHO.

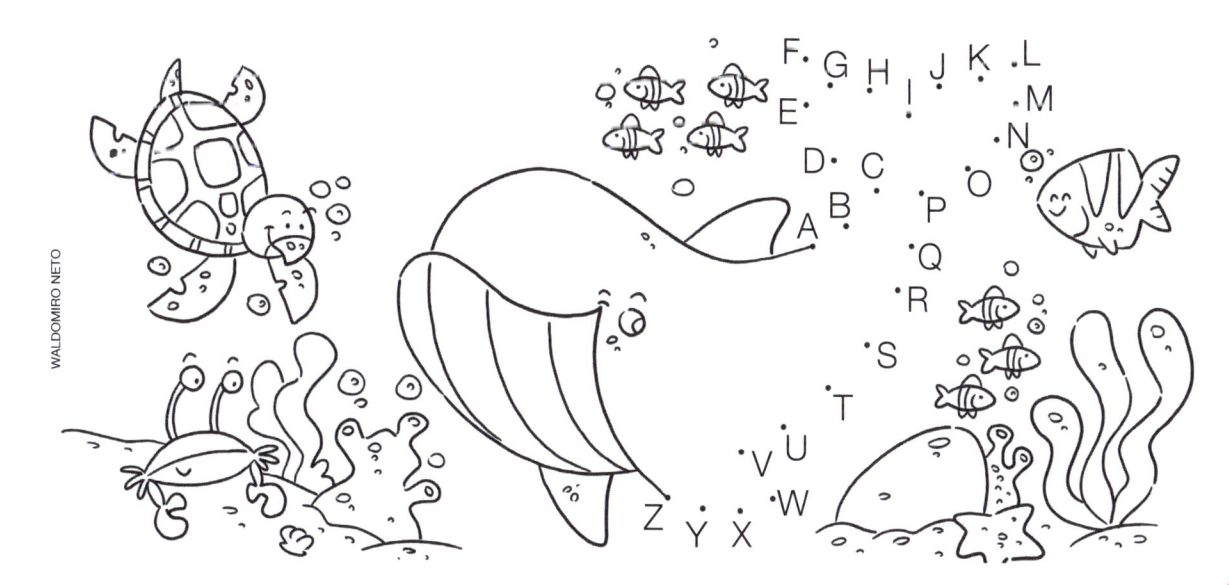

PARA FALAR E ESCREVER MELHOR

LETRAS C E G

1 DECIFRE A CHARADA E DESCUBRA DUAS PALAVRAS.

DICA
USE A PRIMEIRA LETRA DO NOME DE CADA DESENHO.

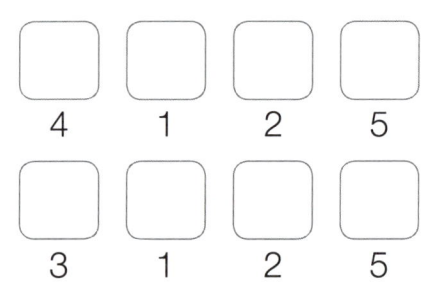

| 4 | 1 | 2 | 5 |

| 3 | 1 | 2 | 5 |

(imagens numeradas: 1 olho, 2 leão, 3 gato, 4 cama, 5 avião)

AS LETRAS **C** E **G** TÊM SONS PARECIDOS QUANDO SÃO SEGUIDAS DAS VOGAIS **A**, **O** E **U**. AO TROCAR UMA LETRA PELA OUTRA, FORMA-SE UMA NOVA PALAVRA.

EXEMPLOS: **CO**LA – **GO**LA, **CA**LO – **GA**LO, **CA**CO – **GA**GO.

2 OBSERVE AS FIGURAS E LEIA AS PALAVRAS EM VOZ ALTA.

• PINTE APENAS A PALAVRA CORRESPONDENTE À FIGURA.

CATO / GATO

MANGA / MANCA

SONEGA / SONECA

GOLEIRA / COLEIRA

FICO / FIGO

GALO / CALO

PARA FALAR E ESCREVER MELHOR

3 LEIA ESTE TRECHO DE UM POEMA.

UM POEMA PARA OS BICHOS QUE PULAM

TUDO QUANTO É MACACO
PULA DE GALHO EM GALHO.
TIZIU SÓ NÃO PULA
NA CABEÇA DO ESPANTALHO.
QUANDO VÊ CACHORRO,
PULGA PULA DE ALEGRIA.
SAPO, QUE PULA DE NOITE,
DESCANSA DURANTE O DIA.
[...]

LALAU E LAURABEATRIZ. *ELEFANTE, CHAPÉU E MELANCIA: EM TUDO TEM POESIA!*. SÃO PAULO: DCL, 2011.

- CIRCULE NO POEMA AS PALAVRAS QUE O PROFESSOR VAI DITAR.
- LEIA ESSAS PALAVRAS EM VOZ ALTA.
- ORGANIZE, NOS QUADROS, AS PALAVRAS QUE VOCÊ CIRCULOU.

PALAVRAS COM A LETRA C	PALAVRAS COM A LETRA G

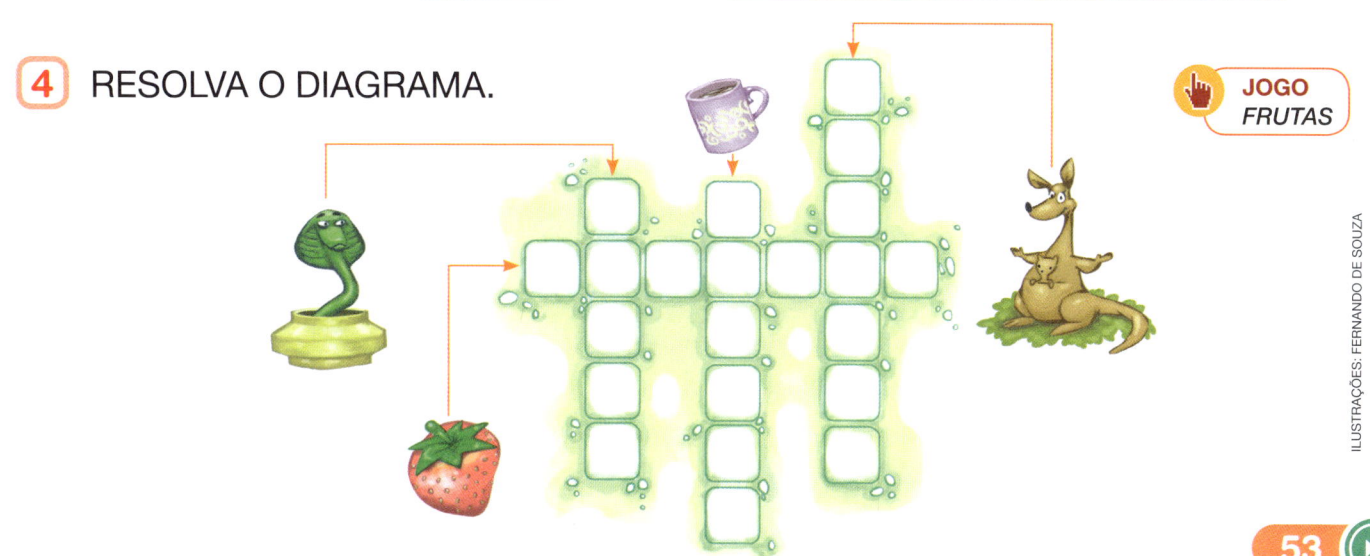

4 RESOLVA O DIAGRAMA.

JOGO *FRUTAS*

PARA FALAR E ESCREVER MELHOR

MEMÓRIA VISUAL

FIGURAS INTRUSAS

FALE O NOME DE CADA FIGURA DAS BOLHAS. DESCUBRA A INTRUSA E PINTE-A.

- DEPOIS, ESCREVA O NOME DAS FIGURAS INTRUSAS.

_____

_____

_____

_____

54

PARA FALAR E ESCREVER MELHOR

ILUSTRAÇÕES: CRIS EICH E GEORGE TUTUMI

COMUNICAÇÃO ESCRITA

HORA DE PRODUZIR UM TEXTO! VÁ PARA A PÁGINA 20 DO **CADERNO DO ESCRITOR**.

UNIDADE 3 — EU RESPEITO OS OUTROS

O QUE EU VEJO

OBSERVE A IMAGEM E CONVERSE COM OS COLEGAS.

- O QUE AS FIGURAS HUMANAS DESTE GRAFITE ESTÃO FAZENDO?
- POR QUE ELAS ESTÃO NESSA POSIÇÃO?
- COMO ELAS PARECEM ESTAR SE SENTINDO?

Animação
Proposta de debate

GRAFITE URBANO EM COMEMORAÇÃO À ABERTURA DO CENTRO COMUNITÁRIO DE CARRINGTON, INGLATERRA, 2011.

O QUE EU SEI

AGORA, FALE DE VOCÊ.

- VOCÊ SE SENTE RESPEITADO?
- DE QUE FORMA VOCÊ RESPEITA OS OUTROS?
- TODOS TÊM DIREITO AO RESPEITO. POR QUE ALGUMAS PESSOAS NÃO SÃO RESPEITADAS?

TEXTO 1

VOCÊ VAI LER UMA **FÁBULA**. ELA CONTA A HISTÓRIA DE UM RATINHO QUE CAIU, SEM QUERER, NAS GARRAS DE UM LEÃO.

LER POR PRAZER

O LEÃO E O RATINHO

UM LEÃO ESTAVA DORMINDO E ACORDOU COM AS CÓCEGAS QUE UM RATINHO FAZIA AO CORRER NO SEU FOCINHO. COM UM TERRÍVEL RUGIDO, O LEÃO AGARROU O IMPORTUNO E IA DEVORÁ-LO, QUANDO O RATINHO DISSE:

— POR FAVOR, POUPE MINHA VIDA! EU SABEREI RETRIBUIR A SUA GENEROSIDADE!

O REI DOS ANIMAIS ACHOU GRAÇA DA PRETENSÃO DO RATINHO. COMO É QUE UM SIMPLES CAMUNDONGO PODERIA AJUDAR UMA FERA TÃO PODEROSA? ACHOU TANTA GRAÇA QUE SOLTOU O INFELIZ.

TEMPOS DEPOIS, O LEÃO CAIU NUMA REDE ARMADA PELOS CAÇADORES E ALI SE DEBATIA QUANDO CHEGOU O RATINHO, QUE TINHA OUVIDO OS SEUS RUGIDOS.

— ESPERE UM POUCO! — DISSE O RATINHO.

E, ROENDO AS MALHAS DA REDE, LIBERTOU O LEÃO.

"OS FRACOS TAMBÉM PODEM AJUDAR OS FORTES."

GUILHERME FIGUEIREDO. *FÁBULAS DE ESOPO*. SÃO PAULO: EDIOURO, 2005.

PARA COMPREENDER O TEXTO

1 CONVERSE COM OS COLEGAS.

- QUEM SÃO AS PERSONAGENS DA HISTÓRIA?
- QUE PERSONAGEM É A MAIS FORTE?
- NO COMEÇO DA HISTÓRIA, O LEÃO QUER DEVORAR O RATINHO. "DEVORAR" É A MESMA COISA QUE "COMER"? POR QUE O AUTOR USOU A PALAVRA "DEVORAR"?
- O LEÃO SOLTOU O RATINHO PORQUE TEVE RESPEITO POR ELE?
- VOCÊ JÁ CONHECIA ESSA FÁBULA? O QUE ACHOU DELA?

2 OBSERVE AS PALAVRAS CIRCULADAS NESTE TRECHO DA FÁBULA.

O (REI DOS ANIMAIS) ACHOU GRAÇA DA PRETENSÃO DO RATINHO. COMO É QUE UM (SIMPLES CAMUNDONGO) PODERIA AJUDAR UMA (FERA TÃO PODEROSA)? ACHOU TANTA GRAÇA QUE SOLTOU O (INFELIZ).

- PINTE DE AZUL AS PALAVRAS CIRCULADAS QUE SE REFEREM AO RATINHO.
- PINTE DE VERMELHO AS PALAVRAS CIRCULADAS QUE SE REFEREM AO LEÃO.

3 COLOQUE **L** NAS CARACTERÍSTICAS DO **LEÃO** E **R** NAS CARACTERÍSTICAS DO **RATINHO**.

- PRETENSIOSO ☐
- GENEROSO ☐
- LEAL ☐
- FORTE ☐

FIQUE SABENDO

FÁBULA É UMA HISTÓRIA EM QUE AS **PERSONAGENS**, GERALMENTE, SÃO ANIMAIS QUE PENSAM, SENTEM E AGEM COMO PESSOAS.

OS **ACONTECIMENTOS** SÃO NARRADOS EM UMA SEQUÊNCIA: INÍCIO, DESENVOLVIMENTO E FIM (DESFECHO) DA HISTÓRIA.

PARA COMPREENDER O TEXTO

4 AS ILUSTRAÇÕES DA FÁBULA ESTÃO FORA DE ORDEM. NUMERE CADA CENA NA SEQUÊNCIA DA HISTÓRIA.

VÁ COM CALMA! OBSERVE BEM AS ILUSTRAÇÕES E VOLTE AO TEXTO SE ACHAR NECESSÁRIO.

FIQUE SABENDO

A FÁBULA É UMA HISTÓRIA CONTADA PARA TRANSMITIR UM **ENSINAMENTO** AO LEITOR OU OUVINTE. ESSE ENSINAMENTO APARECE NO FINAL, DEPOIS DO DESFECHO. É TAMBÉM CHAMADO DE **MORAL**.

5 RELEIA O ENSINAMENTO DA FÁBULA O *LEÃO E O RATINHO*.

"OS FRACOS TAMBÉM PODEM AJUDAR OS FORTES."

- PINTE O QUADRADINHO QUE APRESENTA O SIGNIFICADO DESSE ENSINAMENTO.

  ☐ NUNCA DEVEMOS DESPREZAR ALGUÉM, POR MAIS HUMILDE QUE SEJA.

  ☐ SÓ CONSEGUE AJUDAR O OUTRO QUEM É FORTE.

PARA COMPREENDER O TEXTO

- VOCÊ CONCORDA COM O ENSINAMENTO DA FÁBULA? FALE COM OS COLEGAS E OUÇA O QUE ELES TÊM A DIZER.

6 RELEIA O DESFECHO DA FÁBULA.

> — ESPERE UM POUCO! — DISSE O RATINHO.
> E, ROENDO AS MALHAS DA REDE, LIBERTOU O LEÃO.

- COM UM COLEGA, INVENTE OUTRO FINAL PARA A HISTÓRIA.

_____

_____

- MODIFICANDO O FINAL, O ENSINAMENTO CONTINUA O MESMO?

_____

- CRIEM OUTRO ENSINAMENTO PARA ESSE NOVO FINAL.

_____

_____

7 VEJA A CAPA DO LIVRO DE ONDE FOI TIRADA A FÁBULA *O LEÃO E O RATINHO*.

- ESCREVA O NOME DO LIVRO.

_____

- ESCREVA O NOME DE QUEM REGISTROU AS FÁBULAS EM PORTUGUÊS.

_____

- QUE INFORMAÇÃO TEM MAIS DESTAQUE NESSA CAPA?

_____

- OBSERVE A ILUSTRAÇÃO. POR QUE FORAM ILUSTRADOS ANIMAIS?

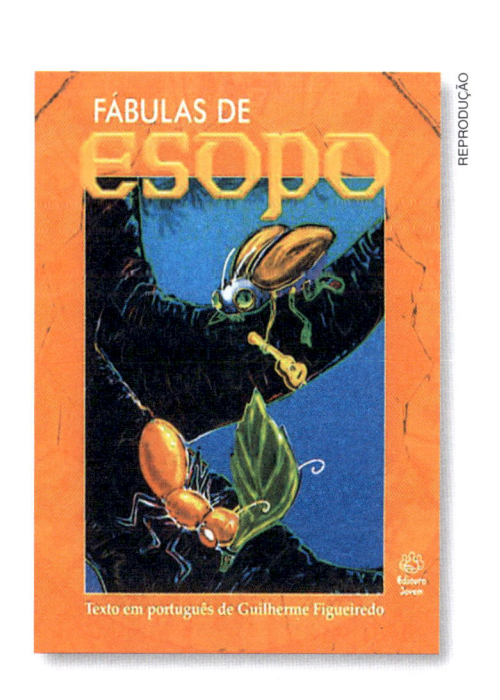

PARA FALAR E ESCREVER MELHOR

LETRAS MAIÚSCULAS E MINÚSCULAS

AS LETRAS DO ALFABETO PODEM SER ESCRITAS DE FORMA **MAIÚSCULA** OU **MINÚSCULA**.

1 OBSERVE ESTE POEMA VISUAL.

Aa Bb Cc Dd Ee
Ff Gg Hh Ii
gato marrom (alfabetizado)
Jj Kk Ll Mm
Nn Oo Pp Qq Rr
Ss Tt Uu Vv
Ww Xx Yy Zz

SÉRGIO CAPPARELLI E ANA CLÁUDIA GRUSZYNSKI. GATO. EM *POESIA VISUAL*. SÃO PAULO, GLOBAL, 2015.

- QUE DESENHO APARECE NESSE POEMA VISUAL?

- POR QUE O POETA ESCREVEU QUE O GATO É ALFABETIZADO?

PARA FALAR E ESCREVER MELHOR

PODEMOS ESCREVER A MESMA PALAVRA UTILIZANDO TIPOS DIFERENTES DE LETRAS.

2 LIGUE AS PALAVRAS REPETIDAS.

mímica	AMARELINHA
amarelinha	ESTÁTUA
roda	RODA
corda	MÍMICA
estátua	CORDA

3 ORGANIZE OS NOMES DAS BRINCADEIRAS NO QUADRO.

queimada   pega-pega   amarelinha
bete   esconde-esconde   peteca
passa-bola   boliche

BRINCADEIRAS COM BOLA	BRINCADEIRAS SEM BOLA

63

PARA FALAR E ESCREVER MELHOR

4 AS PALAVRAS DO QUADRO FORAM ESCRITAS COM LETRAS DE TIPOS DIFERENTES. OBSERVE.

estrela

Mônica

Lelê

menino

ELAINE

Carlos

lua

chuva

- RECORTE DE JORNAIS E REVISTAS LETRAS DE TIPOS DIFERENTES E FORME SEU NOME E O NOME DO SEU MELHOR AMIGO.
- COLE AQUI AS PALAVRAS QUE VOCÊ FORMOU.

PARA FALAR E ESCREVER MELHOR

Dicionário: ordem pela segunda letra

1 Leia este trava-língua.

Paulo Pereira Peixoto,
pobre pintor português,
pinta perfeitamente
portas, paredes e pias,
por **parco** preço, patrão.

Da tradição popular.

> A palavra **parco** significa "pouco".
> **Parco preço** significa "pouco preço", ou seja, "preço baixo".

- Observe que as palavras desse trava-língua começam com a letra **p**.

2 Complete.

No dicionário, as palavras começadas com **p** vêm:

a) depois das palavras começadas com a letra ☐.

b) antes das palavras começadas com a letra ☐.

Fique sabendo

Quando as palavras começam com a mesma letra, como em *paredes*, *pintor* e *pobre*, elas são organizadas em ordem alfabética **a partir da segunda letra**.

3 Escreva em ordem alfabética estas palavras do trava-língua observando a segunda letra.

preço
português
patrão
pinta
Pereira

1. _____
2. _____
3. _____
4. _____
5. _____

PARA FALAR E ESCREVER MELHOR

4 Observe as palavras **ninho** e **nó** na página de um dicionário.

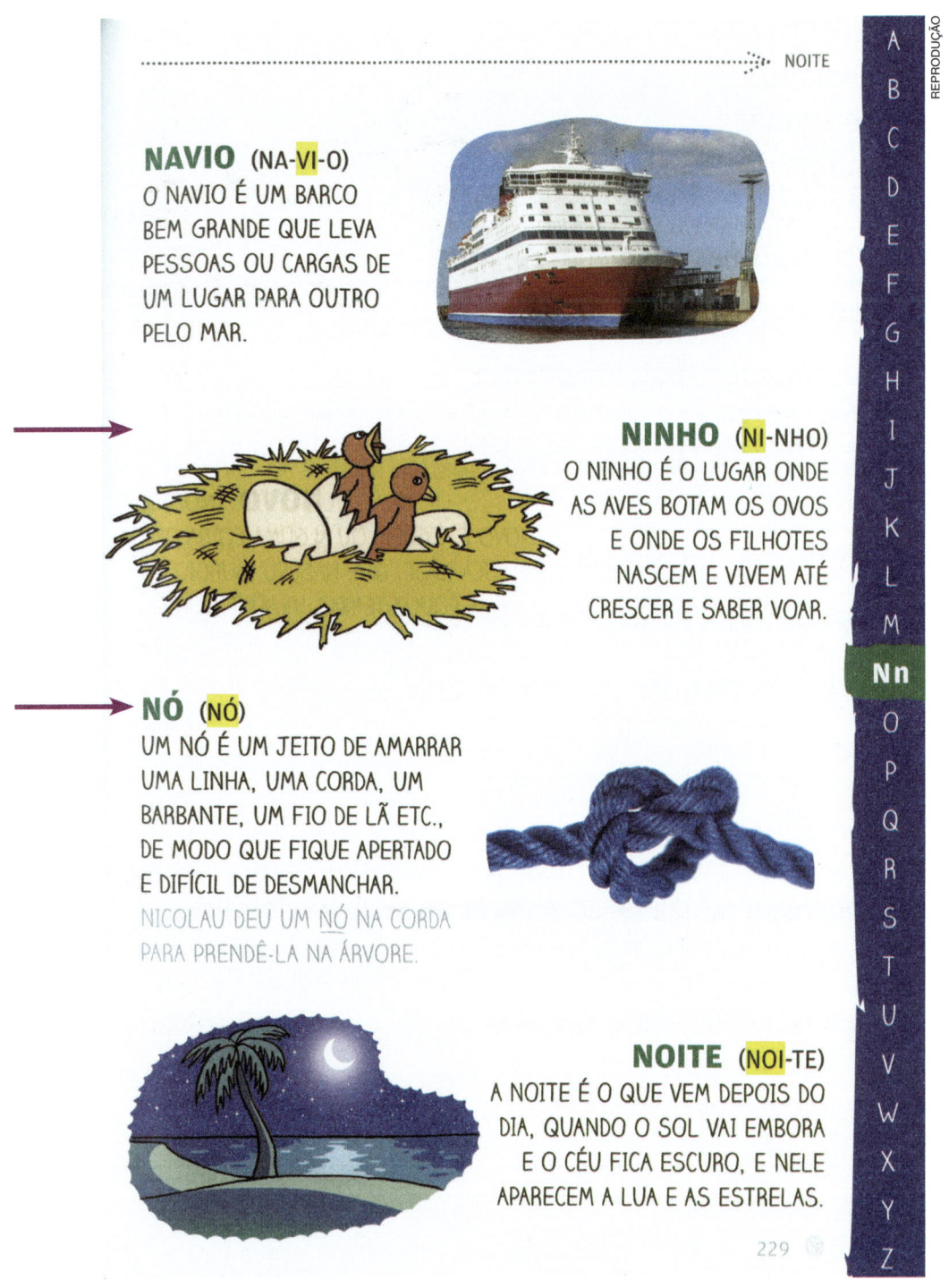

NAVIO (NA-VI-O)
O NAVIO É UM BARCO BEM GRANDE QUE LEVA PESSOAS OU CARGAS DE UM LUGAR PARA OUTRO PELO MAR.

NINHO (NI-NHO)
O NINHO É O LUGAR ONDE AS AVES BOTAM OS OVOS E ONDE OS FILHOTES NASCEM E VIVEM ATÉ CRESCER E SABER VOAR.

NÓ (NÓ)
UM NÓ É UM JEITO DE AMARRAR UMA LINHA, UMA CORDA, UM BARBANTE, UM FIO DE LÃ ETC., DE MODO QUE FIQUE APERTADO E DIFÍCIL DE DESMANCHAR.
NICOLAU DEU UM NÓ NA CORDA PARA PRENDÊ-LA NA ÁRVORE.

NOITE (NOI-TE)
A NOITE É O QUE VEM DEPOIS DO DIA, QUANDO O SOL VAI EMBORA E O CÉU FICA ESCURO, E NELE APARECEM A LUA E AS ESTRELAS.

229

Meu Primeiro Dicionário Saraiva Ilustrado da Língua Portuguesa.
São Paulo: Saraiva, 2015.

- Que letras você observou em cada palavra para saber por que a palavra **ninho** aparece antes da palavra **nó**?

PARA FALAR E ESCREVER MELHOR

Comunicação oral — Narrando fábulas

1 Leia esta fábula de Esopo.

O leão e o javali

Num dia muito quente, um leão e um javali chegaram juntos a um poço. Estavam com muita sede e começaram a discutir para ver quem beberia primeiro.

Nenhum cedia a vez ao outro. Já iam atracar-se para brigar, quando o leão olhou para cima e viu vários urubus voando.

— Olhe lá! — disse o leão. — Aqueles urubus estão com fome e esperam para ver qual de nós dois será derrotado.

— Então, é melhor fazermos as pazes — respondeu o javali. — Prefiro ser seu amigo a ser comida de urubus.

Diante de um perigo maior, é melhor esquecer as pequenas rivalidades.

Disponível em: <http://mod.lk/fabula>.
Acesso em: 4 maio 2018.

- Sublinhe com cores diferentes as falas do leão, do javali e de quem conta a fábula.

2 Agora, ouça a narração da fábula *O leão e o javali*.

Áudio
O leão e o javali

3 Analise o modo como a fábula foi contada considerando os itens do quadro.

- ✓ A sequência das ações das personagens está de acordo com a história original?
- ✓ O ritmo da narração está lento ou acelerado?
- ✓ É possível identificar as falas pela mudança no tom de voz ou pela imitação da voz das personagens?
- ✓ O volume da voz é alto, baixo ou mediano?
- ✓ A pronúncia das palavras está clara, correta?
- ✓ Houve repetição de palavras como **daí**, **então**, **e aí**?

4 Com um colega, pesquise uma fábula para contar para a classe na próxima aula.

- Ensaiem a apresentação orientando-se pelo quadro acima.

TEXTO 2

Leia e observe com atenção a **propaganda** a seguir.

LER PARA SE INFORMAR

TODOS OS ASSENTOS SÃO
PREFERENCIAIS
QUANDO O ASSUNTO É
RESPEITO.

OFEREÇA SEU LUGAR A QUEM MAIS PRECISA.

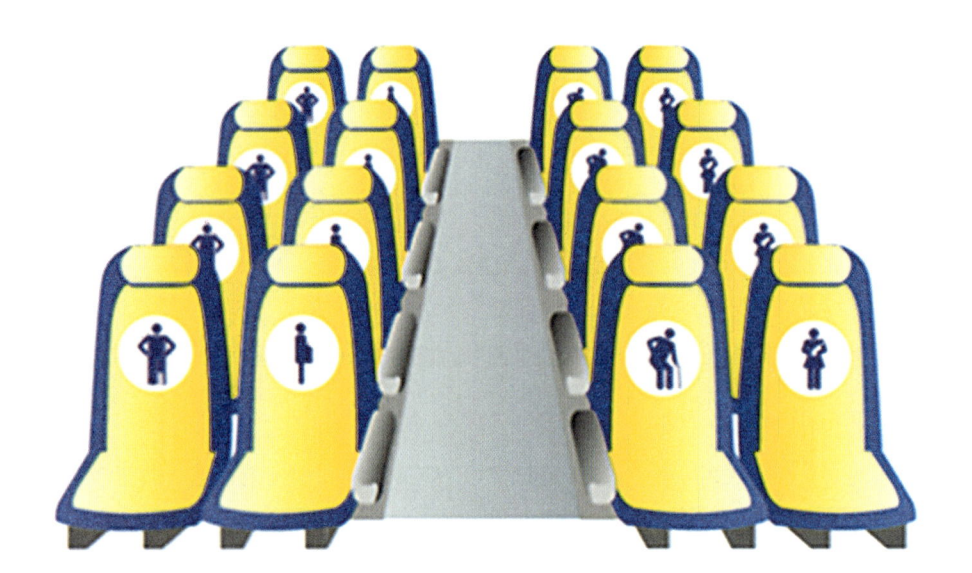

TENHA UMA ATITUDE CIDADÃ.

Propaganda da EMTU, disponível em: <http://mod.lk/propag>.
Acesso em: 4 maio 2018.

Tantas palavras

- Você sabe o que significam as palavras **assentos** e **preferenciais**?

Para compreender o texto

1 Converse com os colegas.

a) Para que servem as propagandas?

b) Você costuma observar propagandas em lugares por onde passa?

c) Qual é o assunto da propaganda da página ao lado?

> **Fique sabendo**
>
> **Propaganda** é uma mensagem divulgada em lugares públicos para convencer as pessoas a adotar uma ideia ou a comprar um produto.

2 Observe a imagem.

- Onde podem ser encontrados esses assentos?

_____

_____

3 Observe as figuras que aparecem no encosto dos assentos.

- Relacione cada figura ao que ela representa.

Pessoas com deficiência

Pessoas com crianças de colo

Gestantes

Idosos

PARA COMPREENDER O TEXTO

4 Releia a parte escrita da propaganda.

- O que a mensagem pede para as pessoas fazerem?

_____

_____

> **Fique sabendo**
>
> Na propaganda, a mensagem é apresentada, em geral, por palavras e imagem. O tamanho das letras, as cores, assim como a imagem, são usados para convencer o público a aceitar a mensagem.

5 Por lei, os veículos de transporte coletivo devem ter assentos reservados para idosos, pessoas com deficiência, gestantes e pessoas com crianças de colo. Esses assentos devem estar devidamente sinalizados.

- Por que, na imagem, todos os assentos estão sinalizados?

    ☐ Para indicar que todos os assentos só devem ser ocupados por pessoas em determinadas condições.

    ☐ Para indicar que qualquer assento, mesmo não sendo reservado, pode ser oferecido para quem precisa.

6 Observe a cor e o tamanho das letras das palavras.

TODOS OS ASSENTOS SÃO **PREFERENCIAIS** QUANDO O ASSUNTO É **RESPEITO.**

OFEREÇA SEU LUGAR A QUEM MAIS PRECISA.

- Qual palavra aparece com mais destaque? Por quê?

_____

_____

Para falar e escrever melhor

Alfabeto: letra cursiva

Até agora você usou o alfabeto maiúsculo e minúsculo em letra de fôrma (ou em letra de imprensa) para ler e escrever.

A partir de agora, aos poucos, você vai usar o alfabeto com outro tipo de letra, a **cursiva**. Observe. Depois, veja o traçado das letras na página 203.

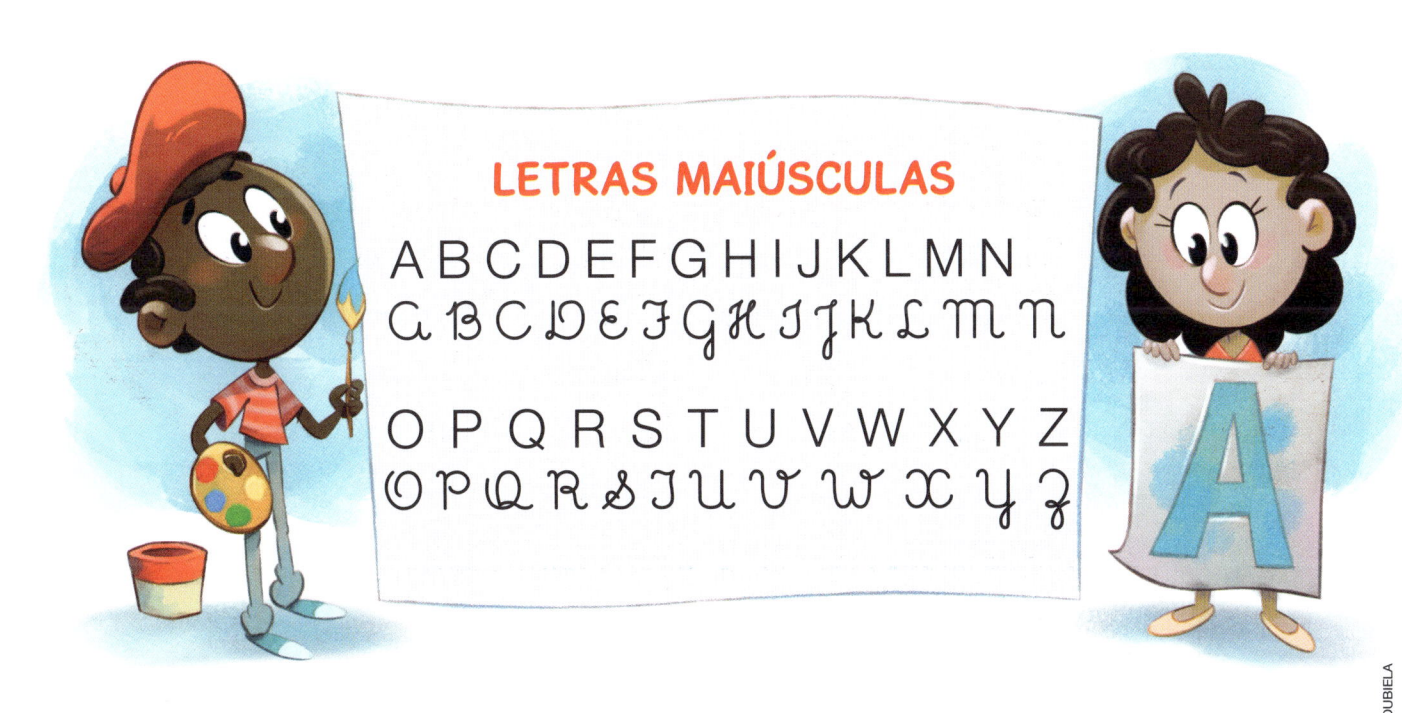

LETRAS MAIÚSCULAS

A B C D E F G H I J K L M N
𝒜 ℬ 𝒞 𝒟 ℰ ℱ 𝒢 ℋ ℐ 𝒥 𝒦 ℒ ℳ 𝒩

O P Q R S T U V W X Y Z
𝒪 𝒫 𝒬 ℛ 𝒮 𝒯 𝒰 𝒱 𝒲 𝒳 𝒴 𝒵

Letras minúsculas

a b c d e f g h i j k l m n
𝒶 𝒷 𝒸 𝒹 𝑒 𝒻 𝑔 𝒽 𝒾 𝒿 𝓀 𝓁 𝓂 𝓃

o p q r s t u v w x y z
𝑜 𝓅 𝓆 𝓇 𝓈 𝓉 𝓊 𝓋 𝓌 𝓍 𝓎 𝓏

au!

PARA FALAR E ESCREVER MELHOR

1 Escreva seu nome com letra cursiva.

2 Leia a lista dos convidados para o aniversário de Alice.

Lista dos meus convidados

Aline	Heitor	Olívia	Vanessa
Bruno	Isabela	Pedro	Wilson
Caíque	João	Quitéria	Ximena
Daniel	Kátia	Renata	Yúri
Érica	Lia	Sara	Zélia
Filipe	Maria	Tiago	
Gabriel	Natália	Umberto	

- Copie da lista o nome que começa com a mesma letra do seu nome.

3 Escreva com letra cursiva o nome das figuras abaixo.

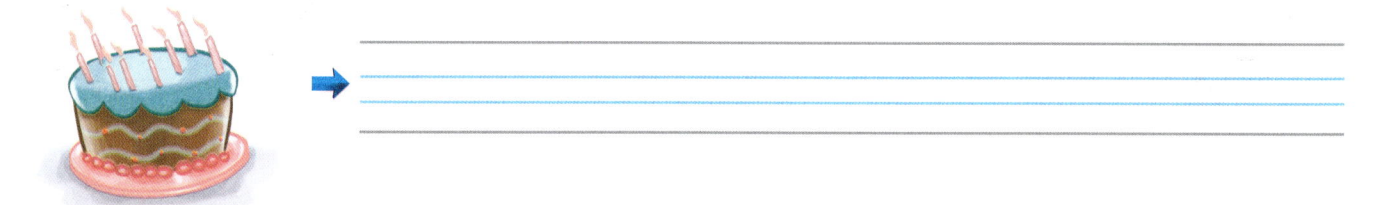

PARA FALAR E ESCREVER MELHOR

Podemos escrever a mesma palavra usando tipos diferentes de letras.

4 Ligue as palavras repetidas.

Multimídia — Letra cursiva

amigo	ENFERMEIRA	*pessoa*
enfermeira	FELIZ	*professora*
professora	PROFESSORA	*amigo*
pessoa	AMIGO	*feliz*
feliz	PESSOA	*enfermeira*

5 Organize os nomes dos itens de vestuário na tabela.

vestido   casaco   gorro
cachecol   chinelo   bota
saia   bermuda

Vestuário de verão	Vestuário de inverno

PARA FALAR E ESCREVER MELHOR

B e P, F e V, C e G, D e T

1 Encontre a palavra que não pertence a cada grupo e pinte-a de amarelo.

> **Dica**
> As palavras de cada grupo têm a letra **b**, ou **d**, ou **v**.

LAMBE	MEDO	LUVA
LEBRE	ESCADA	CAVALO
TABA	POTE	CAFÉ
TAPA	PODE	PAVÊ

2 Escreva o que se pede.

> **Dica**
> As letras pedidas podem estar em qualquer lugar da palavra.

a) Nome de duas frutas com a letra **g**.

_____   _____

b) Nome de dois animais com a letra **t**.

_____   _____

c) Nome de duas cores com a letra **v**.

_____   _____

d) Nome de dois objetos com a letra **p**.

_____   _____

PARA FALAR E ESCREVER MELHOR

3 Leia este poema em voz alta. **Atenção!** Em algumas palavras, uma letra foi trocada por engano.

O gato e a gota

O Gato costa
de fer a goda
da chuva que gai.

Mas, se a gota
cai no seu belo,
o Gato se arrebia

E mia e mia
de tesgosto
da cota
ta chuva que cai.

Elias José. *Bicho que te quero livre*.
São Paulo: Moderna, 2002. Texto adaptado.

a) Circule as palavras escritas incorretamente.

b) Reescreva o poema corrigindo o que for preciso.

PARA FALAR E ESCREVER MELHOR

Memória visual

Fim da brincadeira!

As crianças já brincaram muito. Chegou a hora de colocar os brinquedos na estante.

- Escreva em cada círculo o número da prateleira em que os brinquedos devem ser colocados.

Prateleira 1: aqueles que têm as letras **b** ou **p** no nome.

Prateleira 2: aqueles que têm as letras **f** ou **v** no nome.

Prateleira 3: aqueles que têm as letras **c** ou **g** no nome.

Prateleira 4: aqueles que têm as letras **d** ou **t** no nome.

- Agora, escreva o nome de cada brinquedo.

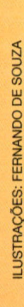

_____
_____
_____
_____
_____
_____
_____

PARA FALAR E ESCREVER MELHOR

COMUNICAÇÃO ESCRITA

Hora de produzir um texto! Vá para a página 24 do **Caderno do Escritor.**

UNIDADE 4
Eu canto e conto

O que eu vejo

Observe a imagem e converse com os colegas.

- Que lugar é esse?
- O que as pessoas estão fazendo?
- Por que o quadro se chama *O concerto*?

O que eu sei

Agora fale de você.

- Você sabe tocar algum instrumento?
- Gosta de cantar?
- Que tipo de música você gosta de escutar?

O concerto, de Ana Maria Dias, 2016.

79

TEXTO 1

Você vai ler, com a ajuda do professor, uma **cantiga acumulativa**, texto do folclore brasileiro que brinca com a repetição de versos.

Leia e, depois, cante com os colegas.

LER POR PRAZER

Na loja do Mestre André

Áudio
Na loja do Mestre André

Foi na loja do Mestre André
Que eu comprei um pianinho.
Plim, plim, plim, um pianinho.

BIS
Ai olé! Ai olé!
Foi na loja do Mestre André

Foi na loja do Mestre André
Que eu comprei um violão.
Dão, dão, dão, um violão,
Plim, plim, plim, um pianinho.

BIS
Ai olé! Ai olé!
Foi na loja do Mestre André

Foi na loja do Mestre André
Que eu comprei uma flautinha.
Flá, flá, flá, uma flautinha,
Dão, dão, dão, um violão,
Plim, plim, plim, um pianinho.

BIS
Ai olé! Ai olé!
Foi na loja do Mestre André

Foi na loja do Mestre André
Que eu comprei uma corneta.
Tá, tá, tá, uma corneta,
Flá, flá, flá, uma flautinha,
Dão, dão, dão, um violão,
Plim, plim, plim, um pianinho.

BIS | Ai olé! Ai olé!
Foi na loja do Mestre André

Foi na loja do Mestre André
Que eu comprei um rabecão.
Rão, rão, rão, um rabecão,
Tá, tá, tá, uma corneta,
Flá, flá, flá, uma flautinha,
Dão, dão, dão, um violão,
Plim, plim, plim, um pianinho.

BIS | Ai olé! Ai olé!
Foi na loja do Mestre André

Foi na loja do Mestre André
Que eu comprei um tamborzinho.
Dum, dum, dum, um tamborzinho,
Rão, rão, rão, um rabecão,
Tá, tá, tá, uma corneta,
Flá, flá, flá, uma flautinha,
Dão, dão, dão, um violão,
Plim, plim, plim, um pianinho.

BIS | Ai olé! Ai olé!
Foi na loja do Mestre André

Da tradição popular.

Tantas palavras

- A palavra **bis** significa repetição de algo; expressa pedido de repetição de uma música, por exemplo.
- Você já tinha ouvido essa palavra? Se já ouviu, onde foi?

Para compreender o texto

1 Converse com os colegas.

a) A loja do Mestre André vende que tipo de objeto?

b) Você conhece alguma cantiga ou algum poema em que os versos das estrofes se repetem? Qual?

c) É fácil falar ou cantar a cantiga sem esquecer os versos que se repetem? Explique.

d) É possível inventar outros versos para a cantiga?

e) Você conhece alguma loja como a do Mestre André? Do que mais gostou?

Fique sabendo

Na **cantiga acumulativa**, a cada estrofe se juntam versos das estrofes anteriores. Assim, os versos vão se **acumulando**.

As estrofes ficam cada vez maiores, e a cantiga pode não ter fim.

2 Copie o verso da cantiga que é repetido no início de todas as estrofes.

_____

_____

3 Circule os versos em que aparece pela primeira vez um elemento novo.

- Depois, sublinhe os versos em que os elementos novos vão se acumulando.

4 O que é mais importante ter ao cantar uma cantiga acumulativa?

☐ Ritmo. ☐ Boa memória. ☐ Boa voz.

Para compreender o texto

5 Relacione o som ao objeto.

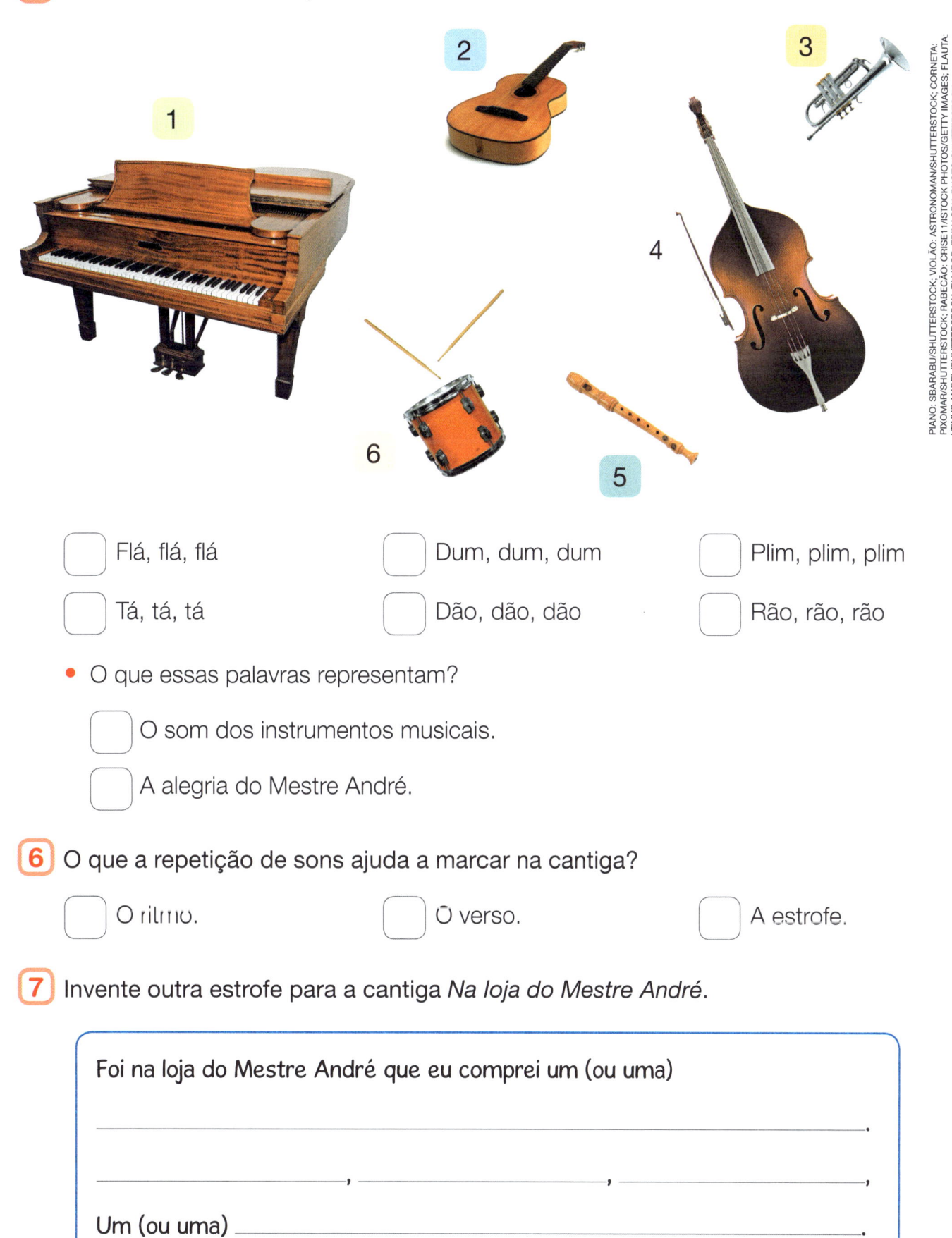

☐ Flá, flá, flá ☐ Dum, dum, dum ☐ Plim, plim, plim

☐ Tá, tá, tá ☐ Dão, dão, dão ☐ Rão, rão, rão

• O que essas palavras representam?

  ☐ O som dos instrumentos musicais.

  ☐ A alegria do Mestre André.

6 O que a repetição de sons ajuda a marcar na cantiga?

☐ O ritmo. ☐ O verso. ☐ A estrofe.

7 Invente outra estrofe para a cantiga *Na loja do Mestre André*.

Foi na loja do Mestre André que eu comprei um (ou uma) _____.

_____, _____, _____,

Um (ou uma) _____.

Para falar e escrever melhor

Sílabas: formando palavras

1 Com um colega, junte as sílabas e descubra as palavras que completam a parlenda.

Dica
Não vale repetir sílabas!

| nha | pai | mãe | dri | ma |
| mo | pe | nho | ci | pa |

Pisei na _____,
A pedrinha rolou.

Pisquei pro _____,
Mocinho gostou.

Contei pra _____,
Mamãe nem ligou.

Contei pro _____,
Papai não gostou.

Da tradição popular.

2 Junte as sílabas que têm as mesmas cores e forme palavras.

pa	bi	pi	pa
ci	ne	li	cu
cle	to	la	bi
xe	lo	ço	nó
ru	lha	pei	ta

Para falar e escrever melhor

3 Forme três palavras com as sílabas a seguir e descubra a resposta das adivinhas.

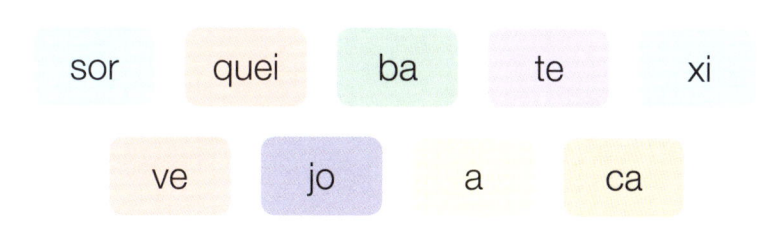

> **Dica**
> Use cada sílaba uma só vez!

sor quei ba te xi

ve jo a ca

a) Tem coroa, mas não é rei;
tem espinho, mas não é peixe.

b) Alimento gelado de vários sabores.

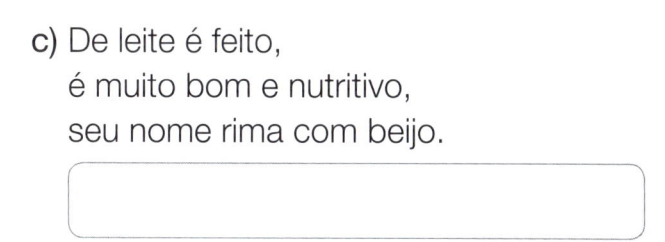

c) De leite é feito,
é muito bom e nutritivo,
seu nome rima com beijo.

4 Com um colega, organize as sílabas para formar nomes de brinquedos.

Já formamos uma palavra para vocês!

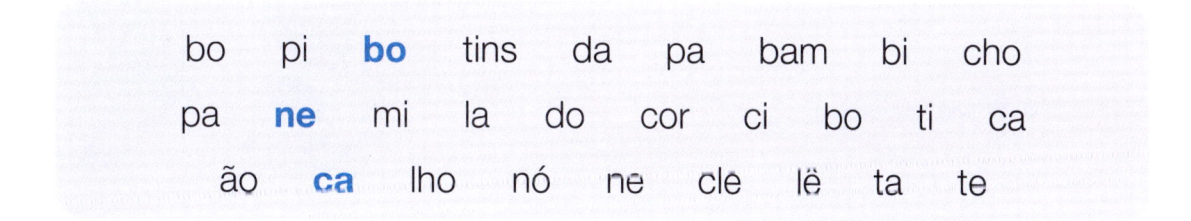

bo pi **bo** tins da pa bam bi cho
pa **ne** mi la do cor ci bo ti ca
ão **ca** lho nó ne cle lê ta te

boneca

Para falar e escrever melhor

5 Vamos brincar de encontrar animais na loja do Mestre André?

a) Cante.

Foi na loja do Mestre André

Que encontrei o meu cavalo.

Ploc, ploc, ploc, o meu cavalo.

b) Mude a sílaba do meio de **cavalo** e encontre outro animal.

Foi na loja do Mestre André

Que encontrei o meu _____.

Nhac, nhac, nhac, o meu _____.

c) Fique só com a primeira sílaba de **cavalo**. Mude as outras.

Foi na loja do Mestre André

Que encontrei o meu _____.

_____, o meu _____.

6 Forme o nome de um animal:

a) com a sílaba **ca** no meio.

_____ **ca** _____

b) com a sílaba **ca** no fim.

_____ **ca**

7 Tire uma sílaba do nome dos animais e encontre uma nova palavra.

jacaré _____

ovelha _____

barata _____

ariranha _____

gorila _____

tubarão _____

gaivota _____

serpente _____

Para falar e escrever melhor

Letra C

- Observe as ilustrações. Escreva os nomes que não podem ser formados com as letras do quadro.

1. Leia em voz alta as palavras e marque com **X** o som da letra **c** em cada uma.

	Som S	Som K
porco		
cidade		
paciência		
cabide		
cinema		
sacola		
cueca		
vacina		

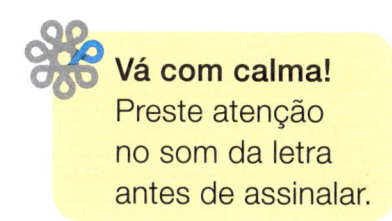

Vá com calma! Preste atenção no som da letra antes de assinalar.

a) Circule a vogal que vem depois da letra **c**.

b) Junte-se com um colega e comparem suas respostas.

c) O que é possível observar a respeito dos sons que a letra **c** pode representar?

- A letra C representa o som K antes das vogais A, O e U.
  Exemplos: *rabe**cã**o, pis**car**, **co**rneta, es**co**va, **cu**rioso, pro**cu**ra*.
- A letra C representa o som S antes das vogais E e I.
  Exemplos: ***cé**u, per**ce**ber, **ci**entista, espe**ci**al*.

Para falar e escrever melhor

2 Escreva o nome das ilustrações.

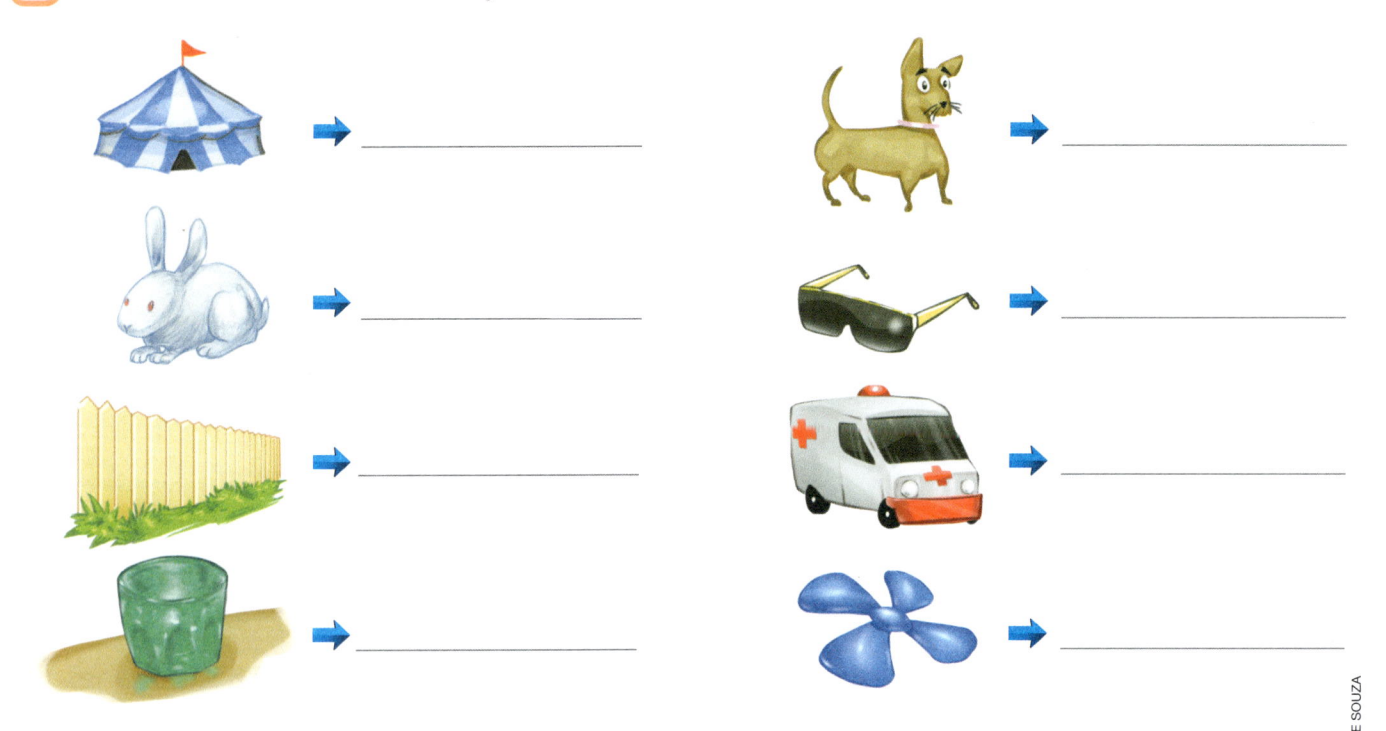

circo → _____

cachorro → _____

coelho → _____

óculos → _____

cerca → _____

ambulância → _____

copo → _____

cata-vento → _____

3 Complete as parlendas com as palavras que o professor vai ditar.

Bambalalão

Senhor _____

Espada no _____

e ginete na mão.

Da tradição popular.

Lá em _____ do piano

tem um _____ de veneno.

Quem bebeu morreu.

O azar foi seu!

Da tradição popular.

4 Leia em voz alta os grupos de palavras.

- Sublinhe a palavra intrusa em cada grupo.

capital	bacana	calor	cinema
cereja	bacia	coragem	cutucar
cone	buraco	cego	covarde

88

Para falar e escrever melhor

5 Ordene as sílabas e forme palavras.

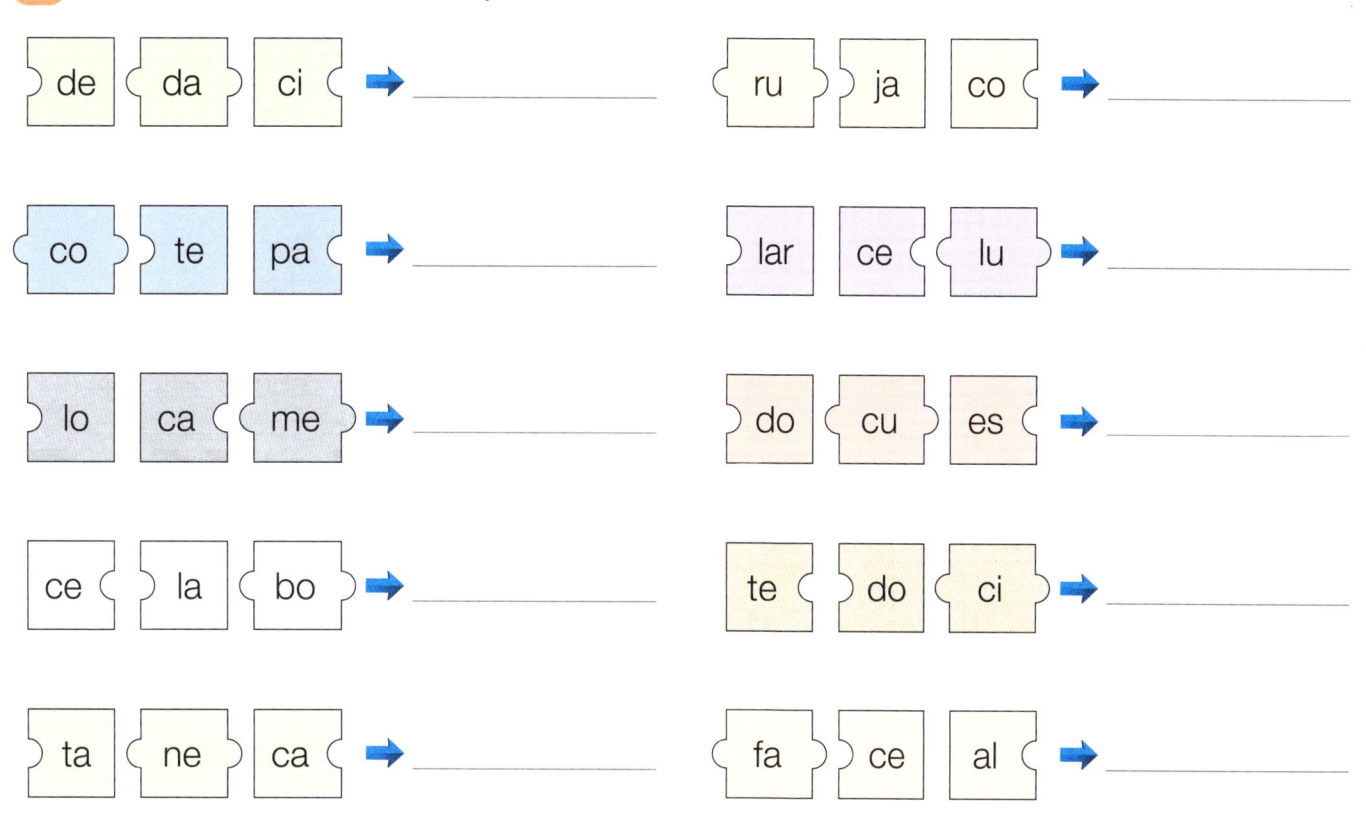

de | da | ci → _____   ru | ja | co → _____

co | te | pa → _____   lar | ce | lu → _____

lo | ca | me → _____   do | cu | es → _____

ce | la | bo → _____   te | do | ci → _____

ta | ne | ca → _____   fa | ce | al → _____

- Agora, complete o quadro com as palavras que você formou.

Palavras em que a letra c representa o som K	Palavras em que a letra c representa o som S

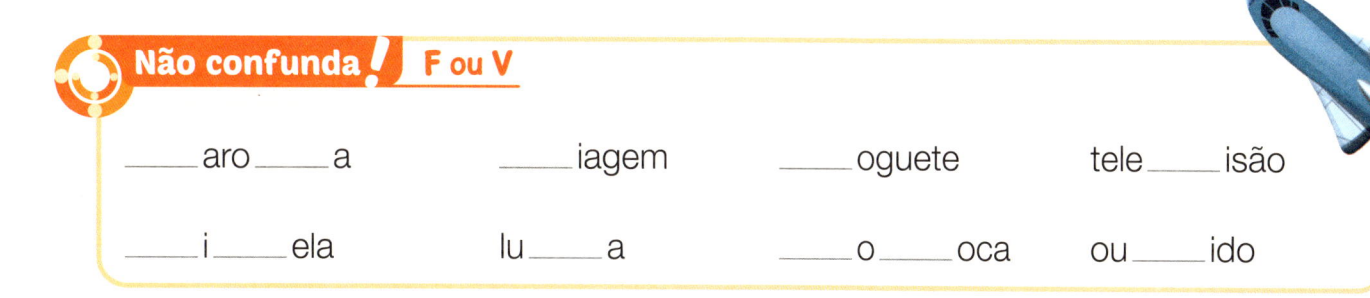

Não confunda! F ou V

____aro____a   ____iagem   ____oguete   tele____isão

____i____ela   lu____a   ____o____oca   ou____ido

89

Para falar e escrever melhor

Oficina das palavras — Reescrevendo quadrinhas

1 Leia a quadrinha.

Mandei fazer um relógio
Das pernas de um caranguejo
Para contar os minutos
Do tempo que não te vejo.

Da tradição popular.

- Agora, leia esta quadrinha, que foi reescrita. Observe o que mudou.

Mandei fazer um relógio
Das teias de uma aranha
Para contar os minutos
Que fica fazendo manha.

2 Chegou sua vez! Reescreva a quadrinha abaixo.

Chove chuva miudinha,
Na copa do meu chapéu
Antes um bom chuvisquinho
Do que castigo do céu.

Para falar e escrever melhor

Comunicação oral — Recontando um conto

1 Ouça o conto acumulativo *O céu está caindo!*.

🔊 **Áudio**
O céu está caindo!

- Numere as imagens de acordo com a sequência em que as personagens aparecem no conto.

2 Reúna-se com alguns colegas para recontar a história.

Cada participante contará uma parte, acrescentando um elemento novo.

- Para que a apresentação fique mais interessante, escolha objetos e gestos que representem as personagens. Sempre que uma personagem for mencionada, mostre o objeto e faça o gesto escolhido.

- Não é necessário usar as mesmas palavras do conto ouvido. Use palavras diferentes, que tornem a história interessante, mas mantenha a ideia de acúmulo.

Autoavaliação	👍	👎
Consegui recontar a história repetindo sempre as partes anteriores?		
Usei palavras diferentes que tornaram a história mais interessante?		
Fiz os gestos e usei os objetos nos momentos adequados?		

TEXTO 2

Ouça a leitura de um **conto acumulativo**. Repare que, para narrar a história, se repete sempre o que foi dito em frases anteriores.

LER POR PRAZER

O macaco e o rabo

Um macaco uma vez pensou em fazer fortuna. Para isso foi-se colocar por onde tinha de passar um carreiro com seu carro. O macaco estendeu o rabo pela estrada por onde deviam passar as rodas do carro. O carreiro, vendo isso, disse:

— Macaco, tira teu rabo do caminho, eu quero passar.

— Não tiro — respondeu o macaco.

O carreiro tangeu os bois. O carro passou por cima do rabo do macaco e cortou-o fora. O macaco, então, fez um barulho muito grande:

— Eu quero meu rabo ou então me dê uma navalha...

O carreiro lhe deu uma navalha, e o macaco saiu muito alegre a gritar:

— Perdi meu rabo! Ganhei uma navalha!... *Tinglin, tinglin*, que vou para Angola!

Seguiu. Chegando adiante, encontrou um negro velho fazendo cestas e cortando os cipós com o dente.

O macaco disse:

— Oh, amigo velho, coitado de você! Ora, está cortando os cipós com o dente... tome esta navalha.

O negro aceitou. Quando foi partir um cipó, quebrou-se a navalha. O macaco abriu a boca no mundo e pôs-se a gritar:

— Eu quero minha navalha ou então me dê um cesto!

O negro velho lhe deu um cesto e ele saiu muito contente gritando:

— Perdi meu rabo, ganhei uma navalha, perdi minha navalha, ganhei um cesto... *Tinglin, tinglin*, que vou para Angola!

Seguiu. Chegando adiante, encontrou uma mulher fazendo pão e botando na saia.

— Ora, minha sinhá, fazendo pão e botando na saia! Aqui está um cesto.

A mulher aceitou e, quando foi botando os pães dentro, caiu o fundo do cesto. O macaco abriu a boca no mundo e pôs-se a gritar:

— Eu quero o meu cesto, quero o meu cesto, senão me dê um pão!

A mulher deu-lhe o pão e ele saiu muito contente a dizer:

— Perdi meu rabo, ganhei uma navalha, perdi minha navalha, ganhei um cesto, perdi meu cesto, ganhei um pão... *Tinglin, tinglin*, que vou para Angola!

E foi comendo o pão.

Silvio Romero. *Folclore brasileiro: contos populares do Brasil.*
Belo Horizonte/São Paulo: Itatiaia/Edusp, 1985. Versão recolhida em Sergipe.

Tantas palavras

- Leia as frases a seguir substituindo as palavras destacadas por **tocou** e **conduziu**.
  - ✓ O menino **tangeu** piano e violão.
  - ✓ O vaqueiro **tangeu** a boiada.
- Agora, volte ao texto e localize a palavra **tangeu**.
- Qual é o significado de **tangeu** nessa frase do texto?

Para compreender o texto

1 Converse com os colegas.

a) Qual é o título do texto?

b) O que o título revela da história para o leitor?

c) O que o macaco pensa fazer no início da história? Como ele pretende fazer isso?

d) Você já leu algum conto em que os acontecimentos se repetem? Qual?

e) Você acha que depois da última troca o conto pode continuar? Por quê?

Fique sabendo

Um texto escrito em **prosa**, como o conto que você acabou de ler, tem:
- **linhas contínuas**, que ocupam quase toda a extensão da página;
- **parágrafos**, indicados pela mudança de linha, que começam, em geral, afastados da margem esquerda da página.

Um texto em **versos**, como a cantiga das páginas 80 e 81, tem:
- **versos** – cada uma das linhas, que são curtas;
- **estrofes** – conjunto de versos;
- **rima** e **ritmo**.

2 Numere os parágrafos do texto.
- Quantos parágrafos tem o texto?

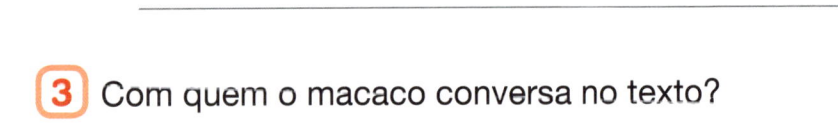

_____

3 Com quem o macaco conversa no texto?

_____

4 O que essas pessoas fazem e o que elas dão ao macaco?
- Ligue as colunas.

faz pães	carreiro	pão
conduz carro de bois	negro velho	navalha
fabrica cestos	mulher	cesto

Para compreender o texto

5 Numere os fatos na ordem em que são narrados no texto.

- ☐ O macaco perde o rabo.
- ☐ O macaco ganha uma navalha.
- ☐ O macaco estende o rabo na estrada.
- ☐ O macaco ganha um cesto.
- ☐ A navalha do macaco se quebra.
- ☐ O cesto do macaco se estraga.
- ☐ O macaco come o pão.
- ☐ O macaco ganha um pão.

Vá com calma! Localize os acontecimentos no texto antes de numerá-los.

6 Compare os dois textos desta unidade.

- Escreva nos quadros as palavras que indicam os elementos que cada texto tem.

rimas — versos — linhas — parágrafos — estrofes — ritmo

Na loja do Mestre André	O macaco e o rabo

Textos acumulativos

Repetição do que foi dito antes.

Semelhança entre os dois textos

ILUSTRAÇÕES: SANDRA LAVANDEIRA

Para falar e escrever melhor

Uso de letra inicial maiúscula

1 Leia o texto.

Esta é a história da pobre Cinderela, uma moça bondosa e alegre que era obrigada pela malvada madrasta e suas duas invejosas filhas a trabalhar até cansar.

Certo dia, o criado do rei trouxe um convite para o baile real em que o príncipe procuraria uma esposa entre todas as donzelas do reino.

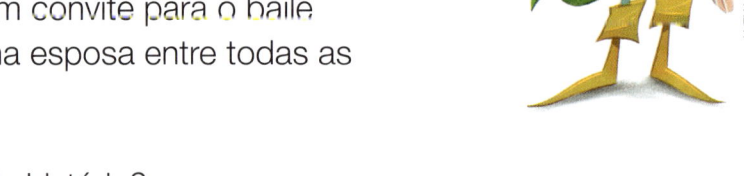

a) Quem é a personagem principal da história? _____

- Como está escrita a letra inicial do nome dela?

_____

b) Circule as palavras que estão no início de cada frase do texto.

- O que as palavras circuladas têm em comum?

_____

c) Copie duas palavras do texto que começam com letra minúscula.

_____

d) A letra inicial do seu nome se escreve com maiúscula ou com minúscula?

_____

A **letra inicial maiúscula** é usada nestes casos:
- No começo de frases.
  Exemplo: **C**entenas de moças fizeram fila para provar o sapatinho.
- Em nomes de pessoas e apelidos. Exemplos: **C**inderela, **B**lo, **B**ibi, **G**uilherme.
- Em nomes dados aos animais. Exemplos: **F**loquinho, **D**unga, **M**imosa.
- Em nomes de planetas, países, estados, cidades, ruas, praças, bairros.
  Exemplos: **T**erra, **B**rasil, **B**ahia, **R**io de Janeiro, **A**rpoador.

Para falar e escrever melhor

2 Pinte os quadrinhos ao lado das palavras de acordo com o código.

🟫 Nome de país   🟦 Nome de cidade   🟩 Nome de planeta

☐ Recife   ☐ Japão   ☐ Paraguai

☐ Júpiter   ☐ Cuiabá   ☐ Vênus

☐ Itália   ☐ Marte   ☐ São Paulo

3 Reescreva as frases usando a letra inicial maiúscula quando for necessário.

a) Meu priminho júnior aprendeu a bater palmas.

___

b) A bicicleta do renato está quebrada.

___

c) O fábio tem uma gatinha chamada tila.

___

d) O nome do planeta onde vivemos é terra.

___

4 Escreva usando a letra inicial maiúscula.

a) O seu nome.

___

b) O nome de uma cidade.

___

c) O apelido de um amigo.

___

d) O nome de um cachorro.

___

Esquina da poesia

O Felipe tá com gripe
o Dado tá resfriado.
Judite tá com bronquite.
Na Flora, deu catapora
Impetigo, no Rodrigo.
Na Brigite, apendicite,
no Vicente, dor de dente,
E no João, indigestão.

Ciça. Epidemia. Em *Quebra-língua*.

Para falar e escrever melhor

C e QU

- Descubra a palavra.

  É o nome da figura abaixo da figura que tem **c** no nome, ao lado da figura com **qu** no nome e acima da figura com **c** no nome.

  A palavra é:

1 Ouça a leitura do professor.

Dos mosquitos curiosos
Vou contar todos os planos
Pois eu digo que as fêmeas
É que picam os humanos
E os machos não nos picam
Pois são vegetarianos.

César Obeid. *Rimas animais*. São Paulo: Moderna, 2010.

a) Leia em voz alta as palavras que têm **ca**, **co** ou **cu**.

b) Leia em voz alta as palavras que têm **que** ou **qui**.

c) O que você percebeu em relação ao som da letra **c** e do grupo **qu** nessas palavras?

_____

_____

> A letra C e o grupo QU têm o mesmo som nestes casos:
> - Quando C vem antes das vogais A, O e U.
>   Exemplos: *pi**ca**m*, ***co**ntar*, ***cu**riosos*.
> - Quando o grupo QU vem antes das vogais E e I.
>   Exemplos: ***que***, *mos**qui**tos*.

Para falar e escrever melhor

2 Releia este trecho do conto *O macaco e o rabo*.

O carreiro tangeu os bois. O carro passou por cima do rabo do macaco e cortou-o fora. O macaco, então, fez um barulho muito grande:
— Eu quero meu rabo ou então me dê uma navalha...

a) Sublinhe de azul as palavras em que a letra **c** tem som K.

- Explique por que isso ocorre.

_____

_____

b) Sublinhe de verde a palavra escrita com o grupo **qu**.

- Por que ela foi escrita com **qu** e não com **c**?

_____

_____

3 Dê as respostas colocando uma letra em cada espaço.

a) Qual é o nome de uma embarcação usada para esportes e lazer?

☐☐☐☐☐☐

b) Como se chamam os roedores de cauda longa e peluda que se alimentam principalmente de nozes, frutas e sementes?

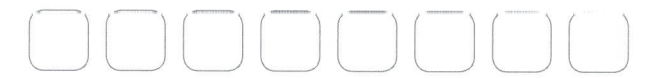

☐☐☐☐☐☐☐☐

4 Complete com **c** ou **qu**.

___ abeça   es ___ uridão   ___ aminho

pes ___ isa   pe ___ inês   ___ eimada

es ___ ada   mandio ___ a   ___ oronel

___ oração   con ___ ista   pro ___ urar

Para falar e escrever melhor

Memória visual

Como se escreve?

- Numere as figuras de acordo com o grupo de letras que há no nome delas. Atenção ao encaixe das peças!
- Depois, escreva o nome das figuras.

1 _____
2 _____
3 _____
4 _____
5 _____
6 _____
7 _____
8 _____
9 _____
10 _____
11 _____
12 _____
13 _____
14 _____

1 CE
2 CO
3 QUE
4 CA
5 QUE
6 QUI
7 CI
8 QUÁ
9 CO
10 QUI
11 CI
12 CU
13 QUA
14 CE

Para falar e escrever melhor

COMUNICAÇÃO ESCRITA

Hora de produzir um texto! Vá para a página 28 do **Caderno do Escritor**.

101

UNIDADE 5
Eu sou curioso

O que eu vejo

Observe a imagem e converse com os colegas.

- O que as meninas estão observando?
- Onde elas estão?
- O que parecem estar sentindo?

O que eu sei

Agora, fale de você.

- Você gosta de observar lugares e coisas diferentes?
- O que desperta sua curiosidade?
- Você já teve a curiosidade de examinar algo bem de perto? O quê?

TEXTO 1

Alguma vez você lutou contra o sono? Você vai ler um **mito** contado por indígenas do estado do Acre sobre uma ave que planejou matar o sono.

LER POR PRAZER

O maguari e o sono

O pássaro maguari, que em alguns lugares da Amazônia também é conhecido como cauauã, resolveu matar o sono, para nunca mais precisar dormir. Para isso, decidiu esperar pelo sono pacientemente pousado em um galho de árvore.

"Quando o sono vier, pego ele no bico", pensou.

O maguari esperou, esperou, esperou. Até que viu uma sombra se aproximando. Deixou que se aproximasse para pegá-la. Esperou. Esperou. Até que, sem perceber, caiu no sono e acordou assustado, batendo as asas e gritando:

— Cuá! Cuá! Cuá!!!

Pousando em outro galho, disse para si mesmo:

— Puxa, eu não percebi o momento que cochilei! Mas agora eu vou ficar bem acordado e matar o sono — prometeu o maguari, arregalando seus olhos o mais que podia.

E assim, bem acordado desta vez, esperou pelo sono, que não demorou muito e surgiu. O maguari ficou imóvel, de tocaia, esperando que o vulto escuro se aproximasse para bicá-lo. Até que, sem perceber, dormiu novamente. E acordou de novo assustado, voando e berrando:

— Cuá! Cuá! Cuá!!!

E, dizem, até hoje o maguari continua acordando assustado, depois de perceber que mais uma vez foi enganado pelo sono...

Ricardo Prado. *No meio da bicharada: histórias de bichos do Brasil*. São Paulo: Moderna, 2014.

Para compreender o texto

1 Converse com os colegas.

a) Por que o maguari queria tanto matar o sono?

b) Por que não é possível matar o sono?

c) O que quer dizer "caiu no sono"?

d) Você sabe imitar o maguari caindo no sono e acordando assustado gritando: "cuá! cuá! cuá!!!"?

> **Fique sabendo**
>
> **Mitos** são narrativas criadas para explicar fatos da natureza ou a origem de alguns costumes ou comportamentos.
>
> Não se sabe quem os criou. Muito antes de serem escritos, os mitos eram contados oralmente. E assim foram transmitidos de uma geração para outra.

2 O que o mito *O maguari e o sono* procura explicar?

☐ É possível vencer o sono.

☐ O surgimento do sono.

☐ O maguari é uma ave assustada.

☐ O comportamento do maguari.

3 O maguari queria pegar o sono em seu bico. Então, "esperou, esperou, esperou".

a) Ele esperou muito pelo sono ou só um pouco?

b) Como é possível saber?

c) E da segunda vez, o maguari esperou muito?

> **Fique sabendo**
>
> **Personagens** são seres que vivem os acontecimentos nas narrativas. As personagens podem ser animais, seres humanos, seres imaginários ou coisas.
>
> Nem sempre as personagens recebem um nome, mas suas características são apresentadas para que o leitor possa conhecê-las. Elas podem ser gordas, magras, tristes, valentes, engraçadas, preguiçosas, espertas etc.
>
> A personagem mais importante na narrativa é chamada de **personagem principal**.

Para compreender o texto

4 Quem são as personagens desse mito?

_____

5 Quem é a personagem principal desse mito?

_____

6 Como é o sono na história?

_____

_____

7 Escreva **M** para as características do maguari e **S** para as características do sono.

☐ Que não se deixa pegar.

☐ Persistente.

☐ Assustado.

☐ Escuro.

8 E para você, como é o sono?

_____

_____

_____

9 Se você fechar os olhos bem devagar, vai ver uma sombra se aproximando. Será que o maguari via o sono assim? O que você acha?

10 Você gostou da história *O maguari e o sono*? Justifique.

_____

_____

_____

Para falar e escrever melhor

Formação de palavras

1 Observe como são formadas algumas palavras.

Você sabe o nome do suco feito com laranja?
É laranjada.

LARANJA
LARANJADA

E o nome do doce feito com goiaba?
É goiabada.

GOIABA
GOIABADA

- Com um colega, descubra o nome dos alimentos e forme novas palavras com eles.

a) O doce feito com _____

   é a _____.

b) O doce feito com _____

   é a _____.

c) O suco feito com _____

   é a _____.

d) Um dos pratos feitos com _____

   é a _____.

Para falar e escrever melhor

2 Continue formando palavras.

Quem vende sorvete é sorveteiro.

SORVETE
SORVETEIRO

- Complete.

   a) Quem conserta **sapato** é _____.

   b) Quem vende **verdura** é _____.

   c) Quem trabalha no **açougue** é _____.

   d) Quem vende **banana** é _____.

3 Escreva.

Se quem toca **bateria** é bater**ista**,

a) quem toca guitarra é _____;

b) quem toca violino é _____;

c) quem faz desenho é _____;

d) quem trata dos dentes é _____;

e) quem toca flauta é _____.

4 Agora, responda às perguntas.

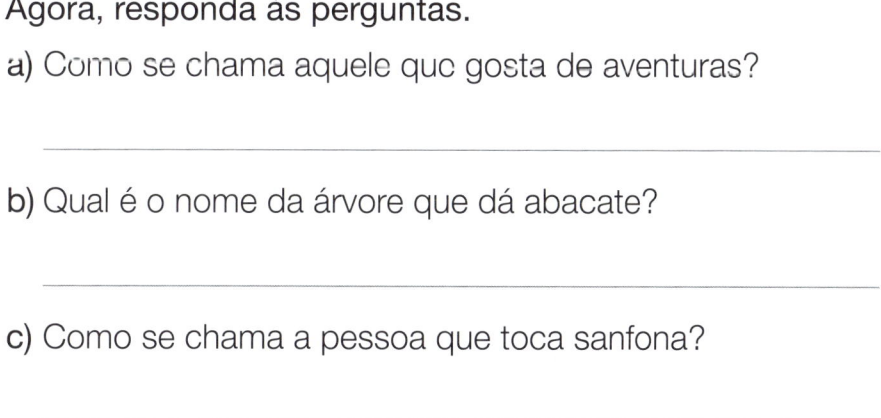

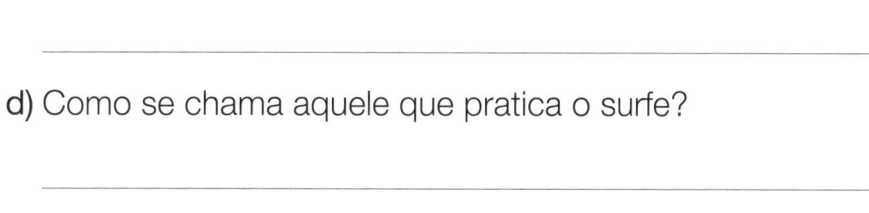

a) Como se chama aquele que gosta de aventuras?

_____

b) Qual é o nome da árvore que dá abacate?

_____

c) Como se chama a pessoa que toca sanfona?

_____

d) Como se chama aquele que pratica o surfe?

_____

Para falar e escrever melhor

Letras L e R no meio da sílaba

- Siga os barquinhos e forme o nome de um meio de transporte marítimo.

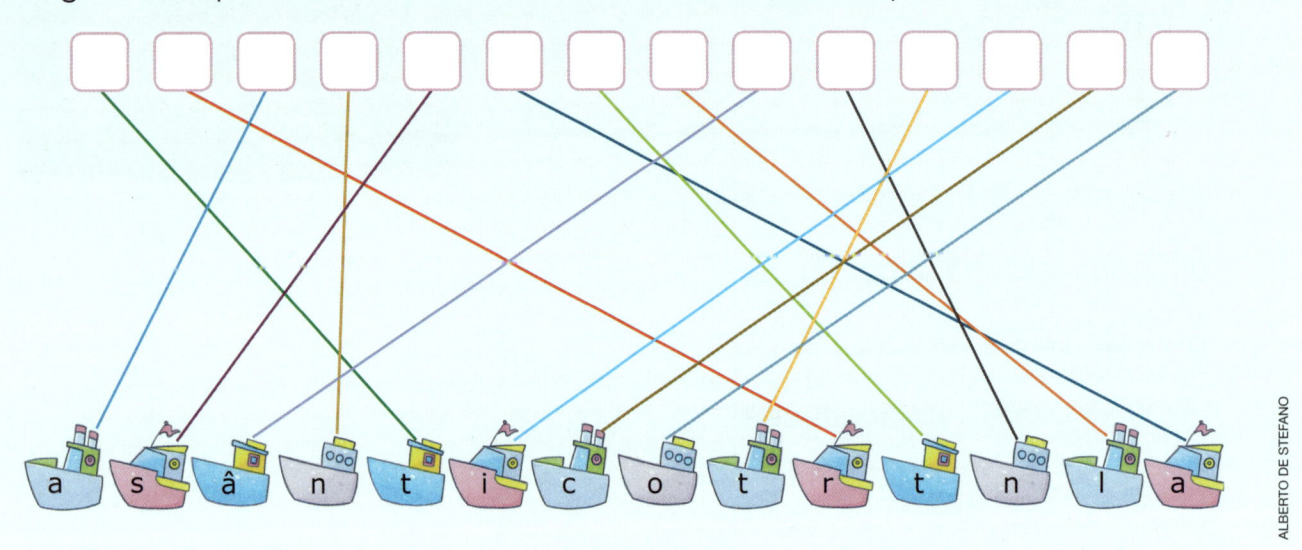

a s â n t i c o t r t n l a

1 Acompanhe a leitura desta fábula de Esopo.

A cabra e o cabreiro

Um cabreiro chamava as cabras para o curral. Uma delas, porém, ficou para trás, aproveitando de um bom pasto. O pastor, então, atirou-lhe uma pedra de forma tão certeira que lhe quebrou um chifre. Ele pôs-se a suplicar à cabra que não contasse o fato ao dono. E ela disse: "Mesmo que eu me cale, como vou esconder? É mais do que evidente para todos que meu chifre está quebrado".

Moral: quando a falta é muito evidente, não é possível escondê-la.

Esopo. *Fábulas completas*. Tradução de Neide Smolka. São Paulo: Moderna, 2009.

a) Circule as palavras em que o **R** aparece no meio da sílaba.

b) Sublinhe a palavra em que o **L** aparece no meio da sílaba.

Em uma mesma sílaba, pode aparecer L ou R entre a consoante e a vogal.
Exemplos: *pla-car   pra-to*
            fle-cha   li-vro

Para falar e escrever melhor

2 Organize as palavras que você circulou e sublinhou no texto da página 110.

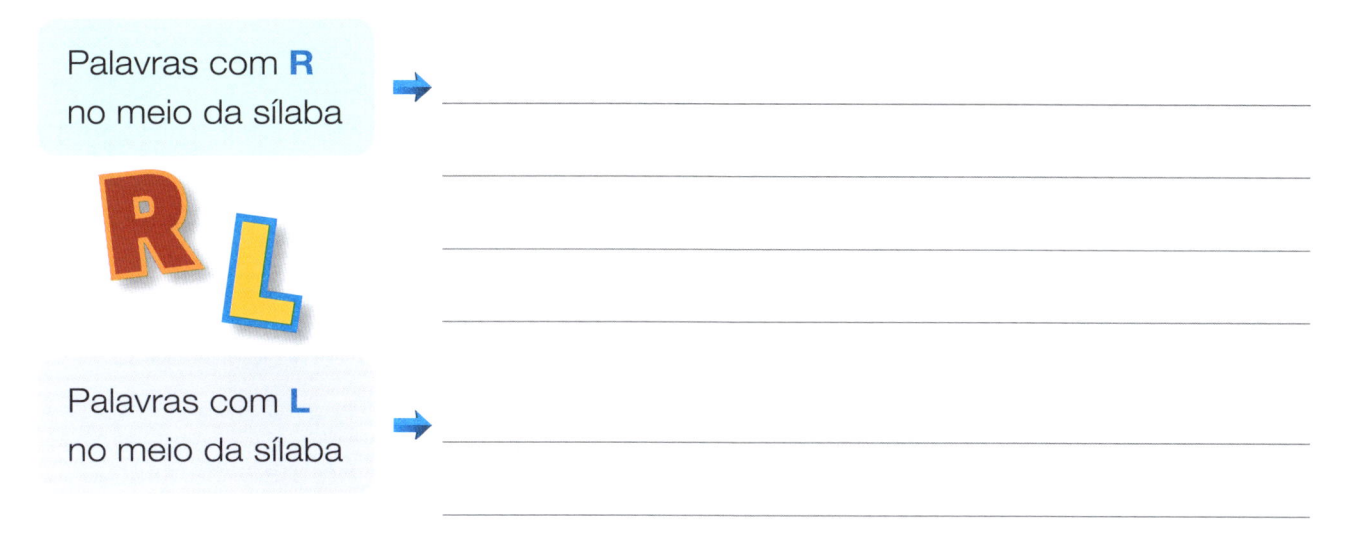

Palavras com **R** no meio da sílaba ➡ _____

Palavras com **L** no meio da sílaba ➡ _____

- Pesquise outras palavras e escreva-as nas linhas acima.

3 Acrescente a letra **R** ou a letra **L** no meio das sílabas e forme palavras.

a) cavo ➡ _____
b) paca ➡ _____
c) foco ➡ _____
d) busca ➡ _____
e) fio ➡ _____
f) patina ➡ _____
g) lava ➡ _____
h) faca ➡ _____
i) costa ➡ _____
j) tato ➡ _____
k) bota ➡ _____
l) siga ➡ _____
m) cima ➡ _____
n) baço ➡ _____
o) fora ➡ _____

Esquina da poesia

Um hipopótamo de pijama
que lê, deitado na cama,
e que, muito cansado, grita
"eu quero batata frita!"
você acredita?

Sérgio Capparelli. *Essa não*.
Em *Poesia fora da estante*.
Porto Alegre: Projeto, 1999.

Para falar e escrever melhor

Oficina das palavras — Criando trava-línguas

1 Leia os trava-línguas.

Bote a bota no bote
e tire o pote do bote.

Camaleão camuflado
na camuflagem do linguado.

2 Crie um trava-língua usando palavras que tenham a letra **L** no meio da sílaba.

> **Dica**
> Você pode usar algumas destas palavras.

| florista | flauta | flanela | floresta | flor | flora |

_____
_____
_____
_____

3 Agora, crie outro trava-língua usando palavras que tenham a letra **R** no meio da sílaba.

> **Dica**
> Você pode usar algumas destas palavras.

| prado | pedro | pedra | primo | praia |

_____
_____
_____
_____

Para falar e escrever melhor

Comunicação oral — Acompanhando uma aula

1 Seu professor dará uma aula sobre abelhas.

- Antes, converse com os colegas sobre o que vocês sabem desses insetos.

    a) As abelhas ouvem?

    b) De que é coberto o corpo delas?

    c) Como as abelhas se defendem?

2 Acompanhe a aula do professor.

- Anote no esquema o nome de cada parte do corpo da abelha.

- Acrescente uma informação sobre a parte da abelha que você achou mais interessante.

_____

_____

- Explique aos colegas por que você achou essa parte interessante.

Autoavaliação	👍	👎
Entendi as explicações dadas e o esquema?		
Anotei as informações no esquema?		
Contei aos colegas uma informação interessante?		

TEXTO 2

Você sabe onde vive o maguari, do que se alimenta, como se reproduz? Leia a **ficha descritiva** da garça-moura, outro nome dessa ave.

LER PARA APRENDER

Garça-moura

Nome científico: *Ardea cocoi*

Família: *Ardeidae*

Ordem: Pelecaniformes

Distribuição: Presente em todo o Brasil.

Alimentação: Em rios e riachos, esta ave costuma se alimentar de peixes, rãs, pererecas, caranguejos, moluscos e pequenos répteis.

Reprodução: Constrói seu ninho entre janeiro e outubro. Em geral, ocupa ninhais coletivos, construídos no alto das árvores. A cada ninhada nascem de três a quatro filhotes. É o casal que choca os ovos. Mas, fora do período reprodutivo, é cada um por si.

Os ambientes preferidos dessa espécie são beira de lagos de água doce, rios, estuários, manguezais e alagados.

Considerada a maior garça do país, com 125 centímetros e envergadura que chega a 1 metro e 80 centímetros, a garça-moura é conhecida por joão-grande, maguari, baguari, garça-parda e socó-grande.

> **envergadura:** Distância entre a ponta de uma asa à ponta da outra, quando abertas.

Voa em linha reta e com lentas batidas das asas. Por seu tamanho avantajado, captura presas em lugares fundos, onde outras garças não alcançam.

Quanto à plumagem, destaque para as penas brancas na base do pescoço, que lembram o cabelo de um *punk*, eriçado e cheio de pontas. Ao redor dos olhos, tem uma coloração azulada, e o bico é amarelo.

Disponível em: <http://mod.lk/maguari>.
Acesso em: 14 mar. 2018. Texto adaptado.

Para compreender o texto

1 Converse com os colegas.

- Que informação sobre o maguari você achou mais curiosa?

> **Fique sabendo**
>
> A **ficha descritiva** é um texto que apresenta as principais características de um ser, de um objeto ou de um lugar.
>
> Na descrição de animais, em geral são apresentados: o nome pelo qual ele é conhecido popularmente, o nome científico, o lugar onde vive, do que se alimenta, quanto tempo vive e aspectos físicos.
>
> **Fotografias** e **legendas** ajudam a tornar a descrição mais clara. Legenda é uma frase curta, colocada junto da foto para explicá-la.

2 Pinte o grupo de alimentos consumidos pelo maguari (garça-moura).

| Peixes, rãs, pererecas, caranguejos, moluscos e répteis. | Plantas aquáticas, plantas terrestres, frutas e sementes. |

3 Pelo tipo de alimento que o maguari come, pode-se dizer que ele gosta de viver perto de:

☐ rios e lagos.   ☐ montanhas.

4 Releia a legenda da foto.

- Que informação é dada na legenda e não está no texto?

_____

_____

5 Quem choca os ovos no período reprodutivo? _____

6 Em que regiões do Brasil o maguari pode ser encontrado?

_____

_____

115

Para falar e escrever melhor

Dicionário: ordenação completa

1 Observe com atenção esta página de dicionário.

fivela – focinho

FIVELA
- Peça de metal ou outro material com uma parte em forma de dente, com a qual se prende um outro objeto.

*Mamãe comprou uma cinta com **fivela** dourada.*

FIXAR
- Prender alguma coisa em um lugar.

***Fixei** minha estante na parede com parafusos.*

FLAUTA
- Instrumento musical que contém um tubo com furos por onde passa o ar para produzir o som. 👁 145

*No dia em que a **flauta** cisma de brigar com o violino cada um toca mais alto cada um toca mais fino.*

(Elza Beatriz. A menina dos olhos. Belo Horizonte, Miguilim.)

FLECHA
- Haste feita de madeira ou metal, com uma ponta fina, que se atira com arco.

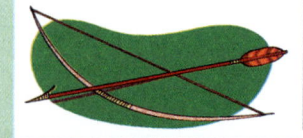

*Os indígenas caçam e pescam com arco e **flecha**.*

FLEXÍVEL
- Que se dobra sem quebrar.

*O colchão desta cama é **flexível**.*

FLOCO
- Conjunto de pequenos blocos de neve que caem lentamente, ou de fios que são levados ao vento.

*Os **flocos** de neve cobriram os telhados.*

FLOR
- Órgão das plantas geralmente formado por um conjunto de pétalas coloridas.

*A **flor** é cheirosa.*

FLORESTA
- Conjunto de árvores que cobre grande espaço de terra, mata.

*A preservação das nossas **florestas** é um dever de todos.*

FLORICULTURA
- Lugar onde vendem flores.

*Comprei estas rosas na **floricultura** perto de casa.*

FLORIR
- Produzir flores.

*O meu pé de manacá **floriu** muito este ano.*

FLUTUAR
- Ficar sobre a água, boiar.

*O barco **flutua** sobre as ondas do mar.*

FOCA
- Animal que mama quando pequeno, vive nas águas frias do mar, come peixe, utiliza as patas de trás para nadar e em terra anda saltando sobre a barriga.

*A caça às **focas** é um crime ecológico.*

FOCINHO
- Parte da cabeça de certos animais onde estão a boca, o nariz e o queixo.

*Meu cachorro machucou o **focinho**.*

116 👁 Ver figura na página indicada.

Gilio Giacomozzi e outros. *Descobrindo novas palavras: dicionário infantil.* São Paulo: FTD, 2005.

a) Com que letra as palavras destacadas começam? ☐

b) A segunda letra é igual em todas elas? ☐ Sim. ☐ Não.

Para falar e escrever melhor

2 Circule a primeira e a segunda letras destas palavras.

fivela	fixar	flauta	flecha	flexível
floco	flor	floresta	floricultura	florir
flutuar	foca	focinho		

3 Separe as palavras da atividade anterior em três grupos.

a) Palavras iniciadas com **FI**: _____

b) Palavras iniciadas com **FL**: _____

c) Palavras iniciadas com **FO**: _____

Fique sabendo

As palavras são colocadas em ordem alfabética a partir da terceira letra quando a primeira e a segunda letras são iguais.

Quando a terceira letra também é igual, as palavras são colocadas em ordem alfabética a partir da quarta letra, e assim por diante.

4 Observe as palavras do grupo **FI** da atividade 3.

- Que letras você tem de observar para saber se as palavras estão em ordem alfabética?

5 Observe as palavras do grupo **FL** da atividade 3.

- Em que palavras você só percebe a ordem alfabética a partir da quarta letra? E a partir da quinta?

Para falar e escrever melhor

Letras L e R em final de sílaba

- Ao lado, há três objetos.
- Descubra quais são e escreva o nome deles.

_____

_____

_____

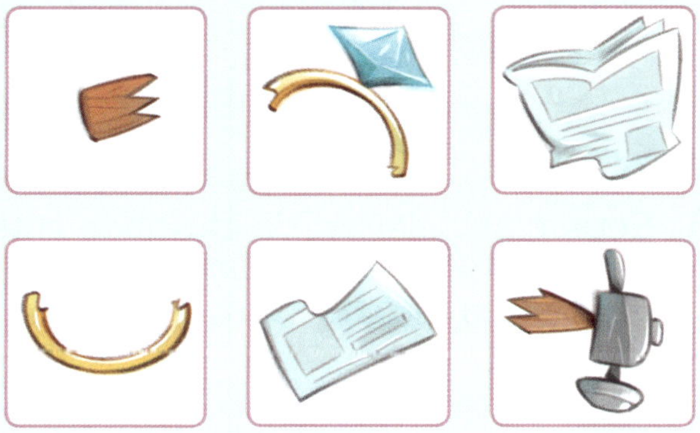

1 Leia a tirinha.

TURMA DA MÔNICA Mauricio de Sousa

— PUXA, CEBOLINHA! FICOU MUITO LEGAL ESSE PAPEL DE PAREDE QUE VOCÊ COLOCOU NO SEU QUARTO!

— MAS SÓ TÁ FALTANDO UMA COISA PRA FICAR PERFEITO!

— O QUÊ?

— É VOCÊ LEMBRAR ONDE FICA A PORTA!

a) Escreva as palavras que têm a letra **L** em final de sílaba.

_____

_____

b) Escreva as palavras que têm a letra **R** em final de sílaba.

_____

_____

> Em muitas palavras da língua portuguesa, as letras L ou R aparecem no final da sílaba.
> Exemplos: ca-sal   pol-vo
> ca-sar   por-ta

Para falar e escrever melhor

2 Com um colega, organize no quadro as palavras a seguir.
- Preste atenção ao **L** e ao **R** em final de sílaba.

folga   réptil   zíper   tonel   curto   culpado
azul   fêmur   galpão   força   florir   barco

PER**DÃO**	CAÇA**DOR**	**GOL**FE	CAN**TIL**

3 Qual é o nome do terceiro e o do quarto mês do ano?

Atividade interativa — L ou R?

_____

4 Complete a lista com o nome dos planetas do Sistema Solar.

	Vênus	Terra

Urano   Netuno

5 Agora, o professor vai fazer um ditado.
- Atenção às palavras com **L** e **R**.

Não confunda! B ou P

____ aleia   ____ olícia   ____ andeiro   ca ____ ana

____ a ____ agaio   hos ____ ital   ____ otão   ____ arata

Para falar e escrever melhor

Memória visual

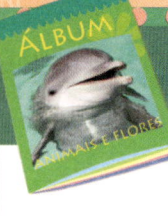

Álbum de animais e de flores

Houve um problema ao imprimir o álbum, e os nomes dos animais e das flores ficaram incompletos. Use uma destas sílabas para completá-los.

cri	flor
bor	bra
fla	for
gar	gol
cla	cra
pol	par
col	tar
ur	or
mal	mar
gra	car

____finho   ____garida

____mingo   cí____me

____miga   ____co

____vo   ____vo

Para falar e escrever melhor

____boleta	____sântemo	ze____	la____tixa
____quídea	____lha	____mavera	gue____do
____taruga	____neiro	cara____	beija-____
____so	____mequer		

COMUNICAÇÃO ESCRITA

Hora de produzir um texto! Vá para a página 32 do **Caderno do Escritor**.

UNIDADE 6

Eu cuido dos animais

O que eu vejo

Observe a imagem e converse com os colegas.

- O que o menino está fazendo?
- Por que ele está nessa posição?
- Que lugar é esse em que ele está?

O que eu sei

Agora, fale de você.

- Você cuida ou já cuidou de algum animal?
- De que tipo de cuidado os animais necessitam?
- Você conhece alguma organização não governamental que cuida de animais?

Menino com carneiro, de Candido Portinari, 1954.

TEXTO 1

Você vai ler uma **notícia**. É sobre uma garotinha e seu cãozinho. O que será que aconteceu?

LER PARA SE INFORMAR

http://mod.lk/sinais

Garotinha adota e ensina língua de sinais para cão também surdo

Por Lívia Marra

Julia e Walter fazem tudo juntos. Ela é uma garotinha de 10 anos, que nasceu surda, e mora nos Estados Unidos; ele, um cachorrinho de sete meses, que também não ouve.

Julia e seu cachorro, Walter, que também é surdo.

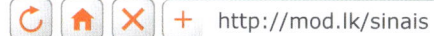

Agora, Julia está ensinando ao cãozinho a língua de sinais — como "senta", "água", "comida".

Em um vídeo divulgado pela Pasadena Humane Society — que resgatou o bichinho quando ele tinha seis semanas —, Chrissy, a mãe de Julia, diz que assim que viu Walter sabia que ele estava destinado a fazer parte da família.

"Quando eu segurei Julia pela primeira vez, e ela não conseguia ouvir minha voz, cheirou meu pescoço. E, quando eu segurei Walter pela primeira vez, ele fez quase a mesma coisa", afirma.

Em sua página, a organização diz que, um mês após a adoção, a mãe de Julia escreveu para contar como estava a adaptação do cachorro. Segundo ela, Julia assumiu o papel de irmã mais velha e ensina a linguagem de sinais ao bichinho.

"Eu nunca deixei que ela se sentisse diferente por causa da perda auditiva e é incrível como ela está fazendo o mesmo com Walter", disse Chrissy.

No vídeo, a menina mostra que é intensa sua relação com o cachorro. "Walter é meu melhor amigo."

Disponível em: <http://mod.lk/sinais>. Acesso em: 23 maio 2018.

Para compreender o texto

1 Converse com os colegas.

a) Qual é o assunto da notícia?

b) Você sabe o que é "língua de sinais"?

c) Em sua opinião, por que esse fato virou notícia?

d) Você gostou dessa notícia? Por quê?

Fique sabendo

A **notícia** relata um fato atual e de interesse do público a que se destina.

Apresenta, de modo geral:

- **título**, que informa, em poucas palavras, o assunto da notícia;
- **subtítulo** (também chamado **linha fina**), que é um pequeno texto abaixo do título, com algumas informações a mais;
- **corpo** da notícia – nele, o primeiro parágrafo (também chamado **lide**) apresenta as principais informações sobre o fato noticiado: **o que** aconteceu, **onde**, **quando**, **como**, **por que** e com **quem**.

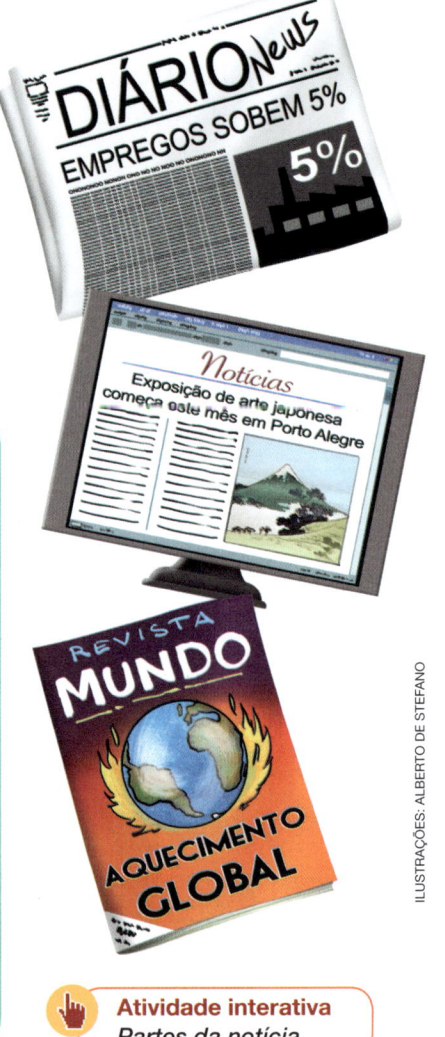

Atividade interativa
Partes da notícia

2 Onde aconteceu o fato noticiado?

_____

3 Quem são as personagens envolvidas nessa notícia?

_____

_____

Fique sabendo

A notícia é veiculada em um **suporte**, que pode ser o jornal em papel, a revista também em papel, a internet, o rádio ou a televisão.

Para compreender o texto

4 Em que suporte a notícia lida foi publicada? Assinale.

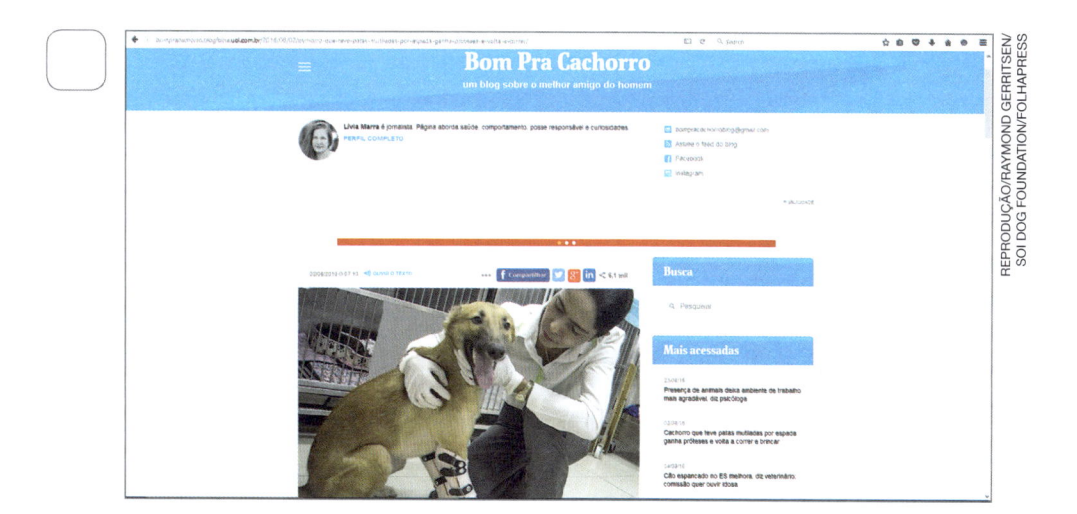

☐ Jornal do Comércio

☐ Ciência Hoje das crianças — Pistas para identificar mamíferos

☐ Bom Pra Cachorro (blog)

5 Releia o título da notícia: "Garotinha adota e ensina língua de sinais para cão também surdo".

- Lendo apenas o título, o leitor consegue saber qual é o assunto da notícia?

Fique sabendo

O **título** deve informar o assunto principal da notícia e atrair o interesse do leitor para a leitura do texto completo.

127

Para compreender o texto

6 Observe a foto da notícia, na página 124, e leia a legenda.

Julia e seu cachorro, Walter, que também é surdo.

Atividade interativa
Legendas

a) A foto está apenas ilustrando a notícia ou dá mais informações ao leitor?

_____

_____

b) E a legenda: informa apenas o que se vê na imagem ou acrescenta informações?

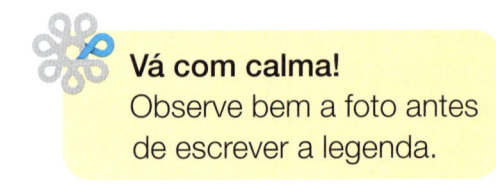

_____

_____

7 Observe agora a foto da página 125.

Vá com calma!
Observe bem a foto antes de escrever a legenda.

• Escreva uma legenda para essa foto, acrescentando uma informação lida no texto.

_____

_____

_____

Fique sabendo

As notícias podem ser ilustradas com **fotos**, que esclarecem as informações.

As fotos, geralmente, são acompanhadas de **legendas**, texto curto que explica a foto e pode acrescentar informações à notícia.

Para compreender o texto

8 Releia este trecho da notícia.

> No vídeo, a menina mostra que é intensa sua relação com o cachorro. "Walter é meu melhor amigo."

a) O que é uma relação intensa?

_____

_____

b) Copie a parte desse trecho que é uma fala da própria Julia.

_____

_____

c) Por que a jornalista usou o sinal de aspas (" ") nessa parte do texto?

_____

_____

_____

9 O que a mãe de Julia considera mais importante na relação da menina com o cãozinho Walter?

_____

_____

10 Você conhece alguém que tenha resgatado um animal?

- Por que é importante cuidar dos animais?

_____

_____

_____

Para falar e escrever melhor

Frase

1 Leia a tirinha.

NÍQUEL NÁUSEA Fernando Gonsales

[Quadrinho 1: FILHOTES DE PINGUIM COMEM UMA PASTA DE PEIXE QUE A MÃE VOMITA.]
[Quadrinho 3: VAI CONTINUAR RECLAMANDO DO MINGAU? — NÃO!]

a) Por que o menino não vai mais reclamar do mingau?

_____

_____

b) Identifique na tirinha:

- o quadrinho em que uma informação é dada;
- a pergunta feita pela mãe do garoto;
- o modo como o garoto responde à pergunta.

Atividade interativa
Tipos de frase

Frase é um conjunto de palavras organizadas que apresentam uma ideia com sentido completo.

Há três tipos de frase:

- **Frase declarativa** – dá uma informação. Ela pode ser **afirmativa** ou **negativa**.

    Exemplos: *Eu gosto de mingau.*
    Eu não gosto de mingau.

- **Frase exclamativa** – expressa sentimentos, sensações, emoções (alegria, surpresa, admiração, medo etc.).

    Exemplo: *Eu detesto mingau!*

- **Frase interrogativa** – indica uma pergunta.

    Exemplo: *Você gosta de mingau?*

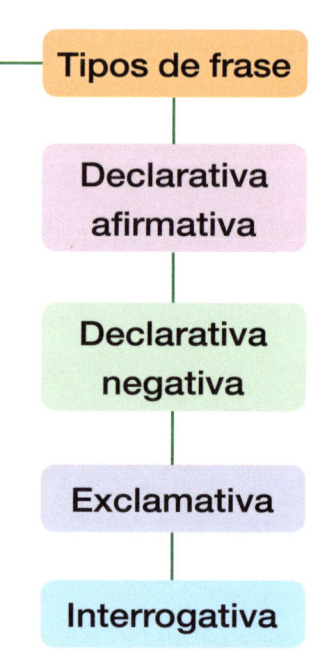

Tipos de frase
- Declarativa afirmativa
- Declarativa negativa
- Exclamativa
- Interrogativa

Para falar e escrever melhor

2 Escolha palavras do quadro para completar as frases.

- Escreva **I** nas frases que dão uma informação e **P** nas frases em que uma pergunta é feita.

☐ _____ tem olhos verdes?

☐ Julia e Walter são grandes _____.

☐ As crianças são _____?

☐ A garota ensina a língua de sinais ao _____.

☐ _____ está usando tênis novos.

| amigos |
| curiosas |
| bichinho |
| Mariana |
| Pedro |

3 Copie da notícia lida nas páginas 124 e 125 as palavras que Julia está ensinando ao seu cãozinho na língua de sinais.

_____

_____

- Se você não tivesse essa informação, como perguntaria?

_____

_____

4 Crie frases para completar os balões.

- Escreva pelo menos uma frase interrogativa e uma exclamativa.

Para falar e escrever melhor

Som nasal: til

- Numere as palavras de acordo com a caixa em que cada uma pode ser colocada.

☐ tobogã ☐ beliscão
☐ rolimã ☐ avelã
☐ avião ☐ ração

1 Copie as palavras nas colunas corretas.

irmã   botão   rã   pulmão   leão   órfã
pão   alemã   adição   fã   loção   romã

Ã		ÃO	

2 Escreva uma palavra que termine com **ãe**.

_____

3 Leia em voz alta estas palavras.

vil**a** — vil**ã**   l**á** — l**ã**   poç**o** — poç**õe**s   viol**a** — viol**ão**
bal**a** — bal**ão**   trilh**o** — trilh**õe**s   lim**a** — lim**ão**   pi**a** — pi**ão**
milh**o** — milh**õe**s   f**á** — f**ã**   manh**a** — manh**ã**   trov**a** — trov**ão**

O **til** (~) é um sinal gráfico usado sobre as letras A e O para indicar que elas têm som nasal.

Para falar e escrever melhor

4 Complete os quadrinhos com as palavras abaixo.

navegações
talismã
vulcões
brasão
campeã
anã
tubarões
capitão
escuridão

5 Organize as palavras da atividade anterior.

Com ã ➡ _____

Com ão ➡ _____

Com ões ➡ _____

6 Complete a segunda coluna.

um balão ➡ três _____   um cão ➡ dois _____

uma romã ➡ quatro _____   um grão ➡ cinco _____

Não confunda! C ou G

Escreva **galo** ou **calo**.

No meio da madrugada, canto alto, não me _____.

Ao raiar da alvorada, eis-me aqui, o velho _____.

Para falar e escrever melhor

Oficina das palavras — Dando título a uma notícia

1 Leia a notícia, com a ajuda do professor.

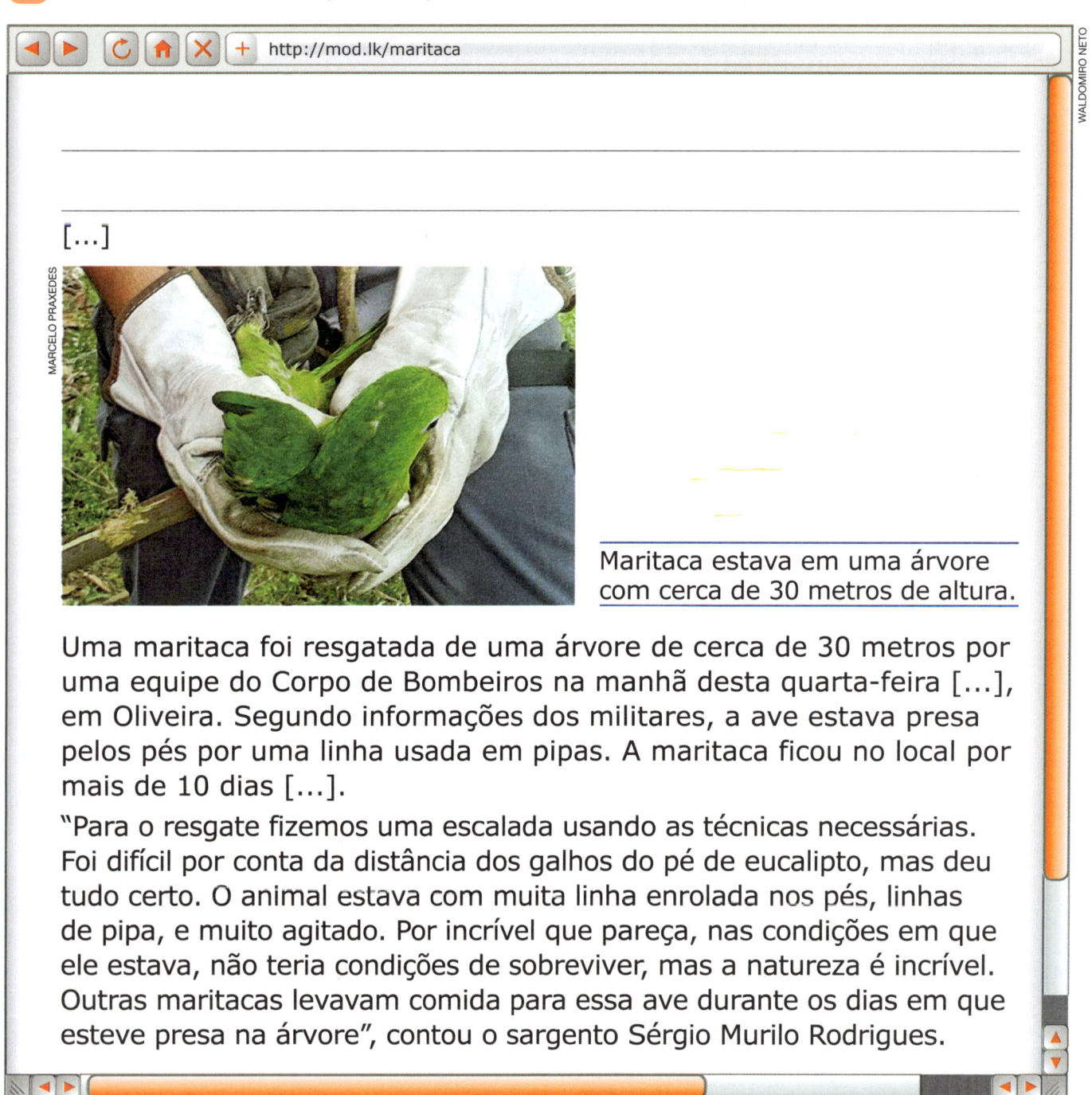

`http://mod.lk/maritaca`

[...]

Maritaca estava em uma árvore com cerca de 30 metros de altura.

Uma maritaca foi resgatada de uma árvore de cerca de 30 metros por uma equipe do Corpo de Bombeiros na manhã desta quarta-feira [...], em Oliveira. Segundo informações dos militares, a ave estava presa pelos pés por uma linha usada em pipas. A maritaca ficou no local por mais de 10 dias [...].

"Para o resgate fizemos uma escalada usando as técnicas necessárias. Foi difícil por conta da distância dos galhos do pé de eucalipto, mas deu tudo certo. O animal estava com muita linha enrolada nos pés, linhas de pipa, e muito agitado. Por incrível que pareça, nas condições em que ele estava, não teria condições de sobreviver, mas a natureza é incrível. Outras maritacas levavam comida para essa ave durante os dias em que esteve presa na árvore", contou o sargento Sérgio Murilo Rodrigues.

Disponível em: <http://mod.lk/maritaca>. Acesso em: 24 maio 2018.

2 Você vai escrever um título para essa notícia.

a) Sublinhe no texto as informações mais importantes e que podem ser aproveitadas no título.

b) Escreva o título nas linhas acima da notícia.

Para falar e escrever melhor

Comunicação oral — Apresentando uma notícia

1 Assista a um telejornal e observe:
- Como são anunciadas as notícias?
- O apresentador lê a notícia num papel ou olha para a câmera?
- Que gestos ele faz enquanto fala?
- Uma mesma notícia é dada por mais de um apresentador?

2 Em grupo, pesquisem em jornais ou revistas impressos ou na internet, com a ajuda do professor, uma notícia para ser lida em um telejornal da classe.

3 Organizem-se para apresentar a notícia:
- um aluno anuncia o título – a fala deve ser clara e feita com expressividade;
- outro apresenta a notícia ou parte dela – o apresentador deve olhar para o espectador enquanto fala;
- se possível, um terceiro apresenta o restante.

4 Ensaiem a apresentação com o grupo.
A notícia não deve ser longa. O título deve conter a informação principal. E, no corpo da notícia, deve ser informado: o que ocorreu, onde, quando e com quem.

> **Ouça os colegas com atenção e respeito!**
> Preste atenção à apresentação dos colegas.

Autoavaliação	👍	👎
O título foi anunciado com expressividade?		
A notícia foi dada de maneira clara?		
Olhei para os espectadores enquanto falava?		
Prestei atenção na apresentação dos meus colegas?		

TEXTO 2

Observe o texto a seguir. O que você imagina que vai ler? Será notícia? Será poema? O que será?

A Onça, a Anta e o Macaco

PERSONAGENS
Onça
Anta
Macaco

CENÁRIO
Uma clareira na floresta.

A Onça, a Anta e o Macaco voltam, alegres, de um jogo de bolas de gude contra outros animais da floresta. Sentam-se no chão, e a Onça entrega à Anta uma sacola cheia de bolinhas.

Onça — Vamos ver quantas bolinhas a gente ganhou daquele Tamanduá otário. Anta, você conta e divide.

Anta — Deixa comigo.

A Anta começa a repartir as bolinhas em três partes iguais.

Onça — O que você está fazendo?

Anta — Tem quinze bolinhas, no total. Estou dividindo por três. *(Acabando de repartir.)* Pronto: deu cinco bolinhas pra mim, cinco pro compadre Macaco e cinco pra senhora dona Onça.

Onça (*levantando-se, furiosa*) O quê?!
Anta Quinze por três, cinco, ué!...
Onça Isso é lá divisão que se faça, sua anta?
Anta Mas... Mas...
Onça (*partindo para cima da Anta*)
Mas o quê?! (*Apavorada, Anta cai morta de medo.*) Bem feito: hoje, minha janta vai ser carne de anta... (*Ao Macaco.*) Divida você! Por dois!

Tranquilamente, o Macaco recolhe as bolinhas, junta todas e retira apenas uma para si.

Macaco A senhora dona Onça pode ficar com o resto...
Onça (*um pouco surpresa*)
Vai ficar só com essa, seu Macaco?
Macaco É uma divisão... justa, senhora dona Onça.
Onça Tô gostando de ver... E desde quando você aprendeu a dividir tão bem assim?
Macaco (*olhando desolado para a Anta morta*)
Desde que a comadre Anta, aqui, partiu desta pra melhor... (*Para a plateia.*) A desgraça de uns pode servir de lição a outros...

CAI O PANO. FIM.

José Carlos Aragão. *No palco, todo mundo vira bicho! – novas fábulas de Esopo adaptadas para teatro*. São Paulo: Planeta do Brasil, 2007.

Para compreender o texto

1 Converse com os colegas.

    a) Você gostou da história? Por quê?

    b) Achou difícil ler o texto nesse formato?

    c) Já tinha visto ou lido um texto para ser representado?

    d) Que personagem você gostaria de representar? Por quê?

Fique sabendo

O **texto dramático** é escrito para ser representado. As personagens e o lugar onde se passa a cena são apresentados no início do texto.

Nos diálogos entre personagens, cada fala é indicada pelo nome da personagem.

2 Para representar esse texto num teatro, quantos atores são necessários? ☐

3 Releia este trecho do texto.

Onça	Vamos ver quantas bolinhas a gente ganhou daquele Tamanduá otário. Anta, você conta e divide.
Anta	Deixa comigo.

    a) Quem são as personagens que conversam nesse trecho da peça?

_____

    b) Sublinhe no trecho a fala de cada personagem.

Fique sabendo

O autor do texto dramático faz indicações de como deve ser feita a cena. Essas indicações são chamadas **rubricas**.

4 Copie uma indicação de movimento que a personagem deve fazer.

_____

_____

Para compreender o texto

5 Copie uma indicação de como a personagem está se sentindo.

_____

_____

6 Releia.

ONÇA   Isso é lá divisão que se faça, sua anta?

- O que a Onça quis dizer quando chamou a Anta de "sua anta"?

_____

7 O Macaco dividiu as 15 bolinhas por dois, ficou com uma e disse que essa era uma divisão justa.

- Ele achou realmente justa a divisão? Por que ele disse isso?

_____

_____

8 Localize o nome do autor e o título do livro.

a) Em que o autor se inspirou para escrever *A Onça, a Anta e o Macaco*?

_____

b) Qual é a moral dessa história?

_____

_____

9 O que quer dizer "Cai o pano"?

10 Com dois colegas, faça a leitura dramatizada do texto.

139

Para falar e escrever melhor

Frase e pontuação

1 Leia a tirinha.

GARFIELD — Jim Davis

Quadrinho 1: "NÃO ME LEMBRO O QUE EU VIM FAZER NESTE QUARTO."

Quadrinho 2: "E SE EU SAIR E ENTRAR OUTRA VEZ?"

Quadrinho 3: "ÓTIMO. AGORA EU NÃO LEMBRO O QUE EU VIM FAZER **AQUI**!"

a) O que Garfield foi fazer do lado de fora da tirinha?

b) Relacione as colunas.

primeiro quadrinho	Garfield exclama algo.
segundo quadrinho	Garfield pergunta algo.
terceiro quadrinho	Garfield declara algo.

c) Circule o sinal de pontuação usado no final de cada frase do primeiro, segundo e terceiro quadrinhos.

As frases sempre terminam com um sinal de pontuação.

O **ponto-final** (**.**) indica o final de uma frase declarativa, que pode ser afirmativa ou negativa.

Exemplos: *Eu vim até este quarto.*
Não me lembro o que vim fazer aqui.

O **ponto de exclamação** (**!**) indica pedido, ordem ou emoção, como surpresa, medo, admiração, alegria.

Exemplo: *Eu adoro filmes de caubói!*

O **ponto de interrogação** (**?**) indica uma pergunta.

Exemplo: *O que você faz para se divertir?*

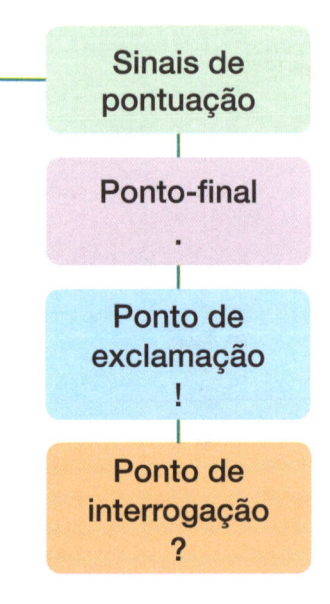

Sinais de pontuação
- Ponto-final .
- Ponto de exclamação !
- Ponto de interrogação ?

Para falar e escrever melhor

2 Use . ou ! ou ? para pontuar as frases.

a) — Que temporal horrível ▢ — disse vovó, fechando as janelas ▢

b) — Onde está a professora ▢ — perguntou a coordenadora ▢

c) — Como você está alto ▢ Quantos anos você tem ▢

3 Observe as expressões faciais do menino. Escreva o que você acha que ele está pensando em cada situação.

4 Escreva uma frase sobre cada ilustração.

- Pontue de acordo com a intenção indicada.

(Expresse admiração.)

_____

_____

(Faça uma pergunta.)

_____

_____

Esquina da poesia

Nossa! Que escuro!
Cadê a luz?
Dedo apagou.
Cadê o dedo?
Entrou no nariz.
Cadê o nariz?
Dando um espirro.

José Paulo Paes. Cadê? Em *Lé com cré*. São Paulo: Ática, 2015.

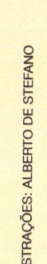

Para falar e escrever melhor

Som nasal: M e N

- Assinale o nome certo.

☐ bomba
☐ boba

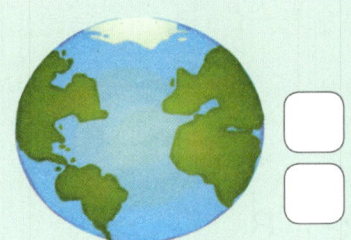

☐ mudo
☐ mundo

1 Leia a tira.

HAGAR — Dik Browne

– NÃO ENTENDO POR QUE EN**GOR**DO TANTO.
– HÁ MUITAS PESSOAS QUE COMEM MAIS QUE EU!
– SIM, MUITAS PESSOAS JUNTAS COMEM MAIS DO QUE VOCÊ.

a) Agora, leia em voz alta as palavras sublinhadas na tira.

b) Assinale as palavras em que a vogal **e** tem o mesmo som que nas palavras sublinhadas.

☐ mesa   ☐ ontem   ☐ vento   ☐ fome

2 Escreva palavras em que as vogais **a**, **i** e **u** tenham o mesmo som que nestas palavras.

canto ➡ _____

lindo ➡ _____

bumbo ➡ _____

> As letras M e N em final de sílaba indicam que as vogais A, E, I, O, U têm som nasal.
> Exemplos: ba**n**co, te**m**po, ca**p**im, ti**n**ta, ba**t**om, **bum**bo, álb**um**.
> **Atenção:** usamos sempre a letra M antes de P e B.

Para falar e escrever melhor

3 Siga as setas e forme palavras.

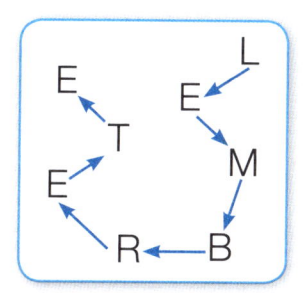

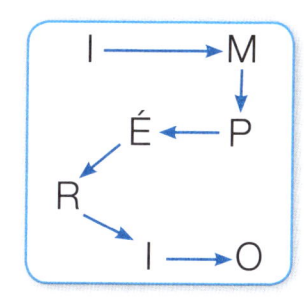

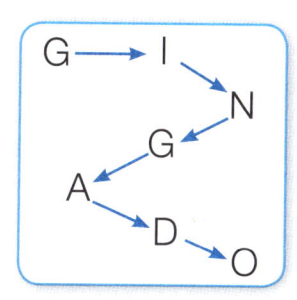

```
    L
E ← E
  T   M
E       
    R ← B
```

```
I → M
    ↓
É ← P
R
  I → O
```

```
G → I
      ↘
       N
    G
  A
    D → O
```

_____   _____   _____

• Que letra foi usada antes das letras **b** e **p** nessas palavras? _____

4 Reescreva as palavras colocando a letra **m** ou **n** no meio delas.

tapa ➡ _____

bode ➡ _____

rapa ➡ _____

mata ➡ _____

sobra ➡ _____

lobo ➡ _____

grade ➡ _____

a) Leia cada dupla de palavras em voz alta.

b) Escolha as palavras da lista que completam corretamente estas frases.

• A _____ da panela é transparente.

• O elefante é um animal _____ e pesado.

• O esqueitista adora fazer manobras na _____.

5 Crie uma frase com estas palavras.

machado   manchado

_____

_____

143

Para falar e escrever melhor

Memória visual

Exposição

Os alunos do 2º ano vão fazer uma exposição de fotos de animais.

Só falta colocar abaixo das imagens o nome de cada animal. Vamos ajudar?

- Complete os nomes com as letras corretas.

an	am	en
in	on	om
um	ã	ão

e l e f t e

p a v

g b á

Para falar e escrever melhor

j u m ___ t o

___ ç a

r ___

p ___ ___ b a

f l a m ___ g o

a t ___ ___

COMUNICAÇÃO ESCRITA

Hora de produzir um texto! Vá para a página 36 do **Caderno do Escritor**.

145

UNIDADE 7
Eu faço amigos

O que eu vejo

Observe a imagem e converse com os colegas.

- O que representam estes desenhos?
- O que as pessoas representadas estão fazendo?
- Será que são amigos?

O que eu sei

Agora, fale de você.

- Você tem amigos?
- Tem facilidade para fazer novas amizades?
- O que você gosta de fazer com seus amigos?

Meus colegas. Obra coletiva de alunos da Apae de São Paulo, 2011.

TEXTO 1

Observe a capa deste livro. Ela se parece com outras capas de livro que você conhece?

LER POR PRAZER

downtown

"MEU NOME É BLO. EU TENHO SÍNDROME DE DOWN, UMA NAMORADA, MUITOS AMIGOS E UM DISCO FAVORITO"

Noël Lang e Rodrígo García. *Downtown*. Tradução de Michelle Strzoda. Rio de Janeiro: Revan, 2015.

Tantas palavras

Você conhece o significado da palavra *downtown*? De origem inglesa, a palavra *downtown* significa centro comercial da cidade, parte central da cidade.

- Essa definição da palavra auxilia na compreensão do título do livro?

Para compreender o texto

1 Converse com os colegas.

a) Qual é o título do livro?

b) O que chamou mais sua atenção nessa capa?

c) Pela leitura da capa, o que você espera do conteúdo do livro?

d) O que você conhece sobre a síndrome de Down?

> **Fique sabendo**
>
> Blo tem **síndrome de Down**. Entre as características físicas associadas à síndrome, estão os olhos puxados, parecidos com os dos orientais. A síndrome de Down é uma alteração genética, não uma doença.

2 Qual é o nome da personagem principal?

_____

3 Compare a capa de *Downtown* com a que você estudou na unidade 3, na página 61.

a) Marque com **X** o que cada uma apresenta.

	Fábulas de Esopo	Downtown
Nome da obra		
Nome do autor		
Nome do tradutor		
Desenhos		
Apresentação da personagem		

b) Qual das duas capas é mais comum em livros de histórias?

_____

_____

c) Na sua opinião, por que a capa de *Downtown* foi feita dessa forma?

Para compreender o texto

> **Fique sabendo**
>
> A narrativa composta de uma sequência de desenhos e textos é chamada **história em quadrinhos**.

4 Leia uma página de *Downtown*, que foi escrito em quadrinhos.

Quadrinho 1:
— BIBI, VOCÊ QUER CASAR COMIGO?

Quadrinho 2:
— CLARO, BLO... TODOS OS DIAS VOCÊ ME PERGUNTA ISSO E TODOS OS DIAS A RESPOSTA SERÁ SIM...

Quadrinho 3:
— OBRIGADO

Quadrinho 4:
(pensamento) AMANHÃ PERGUNTO DE NOVO...

Noël Lang e Rodrígo García. *Downtown*. Tradução de Michelle Strzoda. Rio de Janeiro: Revan, 2015.

- Que características de Blo apresentadas na capa você reconhece nessa página?

_____
_____

Para compreender o texto

5 Observe Blo e Bibi na sequência das cenas da história.

a) Houve alguma mudança nos desenhos? _____

b) Se houve, o que mudou? _____
_____

c) Complete a frase.

Como essa é uma história em quadrinhos contada por meio de texto e desenhos, a modificação nos desenhos:

☐ é usada apenas para a cena ficar diferente.

☐ dá a ideia de movimentação e de passagem do tempo.

Fique sabendo

O **balão de fala** indica a fala da personagem.
O **balão de pensamento** indica o que a personagem está pensando.

6 Escreva **fala** ou **pensamento**, de acordo com o que os balões indicam.

7 Observe a imagem ao lado.

a) Bibi consegue ver o coração? _____
_____

b) O que esse coração expressa? _____
_____

Para compreender o texto

8 Por que Blo pensa em perguntar novamente a Bibi se ela quer se casar com ele, mesmo sabendo a resposta?

_____
_____
_____

> **Fique sabendo**
>
> Nas histórias em quadrinhos, **texto** e **desenhos** se complementam para dar sentido ao que está sendo contado.

9 Leia esta página do livro *Downtown* em que Bibi conversa com seu amigo Miguelote.

Noël Lang e Rodrígo García. *Downtown*. Tradução de Michelle Strzoda. Rio de Janeiro: Revan, 2015.

Para compreender o texto

- Sobre o que Bibi fala com Miguelote?

  _____

  _____

10 Que profissões Bibi quer exercer?

☐ Dentista. ☐ Enfermeira. ☐ Professora.

- Como você descobriu as profissões que ela quer ter?

  _____

11 Que profissão Miguelote quer ter quando crescer?

☐ Dentista. ☐ Professor. ☐ Entregador de *pizza*.

a) Como você descobriu a profissão que ele quer ter?

  _____

  _____

b) Por que Miguelote pensou nessa profissão?

  _____

  _____

c) Por que os autores fizeram um desenho para o balão de Miguelote?

☐ Para a história ficar engraçada.

☐ Porque eles cansaram de escrever.

12 Uma palavra que imita um som é chamada onomatopeia. Procure na história uma palavra que imita um som.

a) Escreva-a. _____

b) Essa palavra imita qual som? _____

_____

Para falar e escrever melhor

Substantivo

1 Leia um trecho de uma história muito conhecida.

Quando os anões chegaram do trabalho e viram Branca de Neve deitada ali no chão, logo concluíram que não podia ser coisa boa.

Alegre tomou o pulso dela e não sentiu o tum-tum do sangue em suas veias. Mimoso abriu seu olho e viu que estava sem brilho.

> José Roberto Torero. *Branca de Neve e as sete versões*.
> São Paulo: Companhia das Letrinhas, 2016.

- Sublinhe, no texto:

    a) o nome da personagem encontrada pelos anões.

    b) o nome que indica o lugar onde ela estava deitada.

    c) a palavra que informa ao leitor quem são Alegre e Mimoso.

    d) o nome do líquido vermelho que circula nas veias.

    e) o nome da parte do corpo de Branca de Neve que estava sem brilho.

As palavras que você sublinhou e que dão nome a personagens, a lugar e a outros elementos são substantivos.

Substantivo é a palavra que dá nome a tudo:
- **pessoas**: *menino, mulher, artista, João, Ana, Vik, Paulo*.
- **lugares**: *rua, bairro, estádio, Manaus, Bahia, Piauí, Brasil*.
- **objetos**: *lápis, computador, livro, copo, quebra-cabeça*.
- **plantas**: *jatobá, bananeira, araucária, margarida, capim*.
- **animais**: *macaco, zebra, onça, pássaro, peixe*.
- **dias da semana e meses do ano**: *quarta-feira, sábado, abril*.
- **sentimentos e emoções**: *amor, tristeza, alegria, amizade*.

Para falar e escrever melhor

2 Circule os substantivos do quadro.

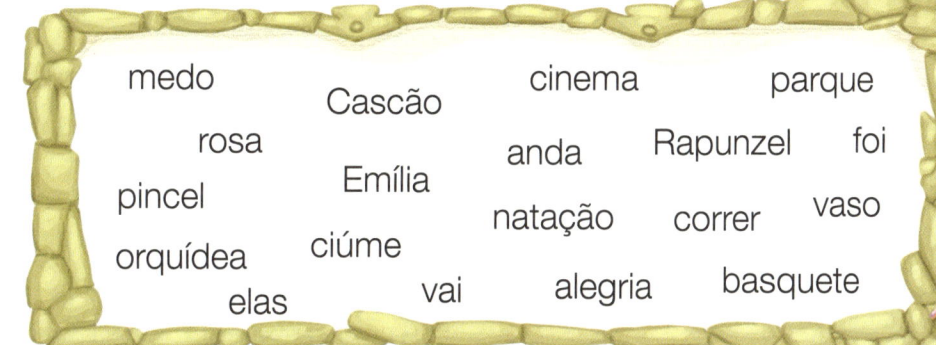

> medo   Cascão   cinema   parque
> rosa   Emília   anda   Rapunzel   foi
> pincel   ciúme   natação   correr   vaso
> orquídea
> elas   vai   alegria   basquete

- Copie os substantivos que você circulou.

   nomes de objetos: _____

   nomes de esportes: _____

   nomes de personagens: _____

   nomes de sentimentos: _____

   nomes de flor: _____

   nomes de lugares: _____

3 Dê um título a cada grupo de substantivos.

- O último você inventa e depois dá um título.

☐	➡ bola, bicicleta, boneca, ioiô
☐	➡ meia, camisa, pijama, biquíni
☐	➡ alface, cenoura, carne, feijão
☐	➡ gari, taxista, médico, professor
☐	➡ _____

155

Para falar e escrever melhor

INHO/INHA, ZINHO/ZINHA

1 Compare o tamanho das figuras e observe a escrita das palavras.

onça   oncinha

tamanduá   tamanduazinho

a) Leia o trecho a seguir e circule a palavra que indica tamanho pequeno.

ONÇA Vamos ver quantas bolinhas a gente ganhou daquele Tamanduá otário. [...]

b) Você encontrou a palavra? Como fez para encontrá-la?

2 Sublinhe só as palavras em que as terminações inha/inho, zinha/zinho indicam tamanho pequeno.

leãozinho	vizinho	gatinho	madrinha	farinha
florzinha	latinha	cozinha	asinha	

• As palavras com terminações que indicam tamanho pequeno estão no **diminutivo**.

Para falar e escrever melhor

3 Leia o nome destas figuras. Depois, escreva o diminutivo delas.

Dica
Quando a palavra tem **s** na última sílaba, o **s** permanece com a terminação do diminutivo.

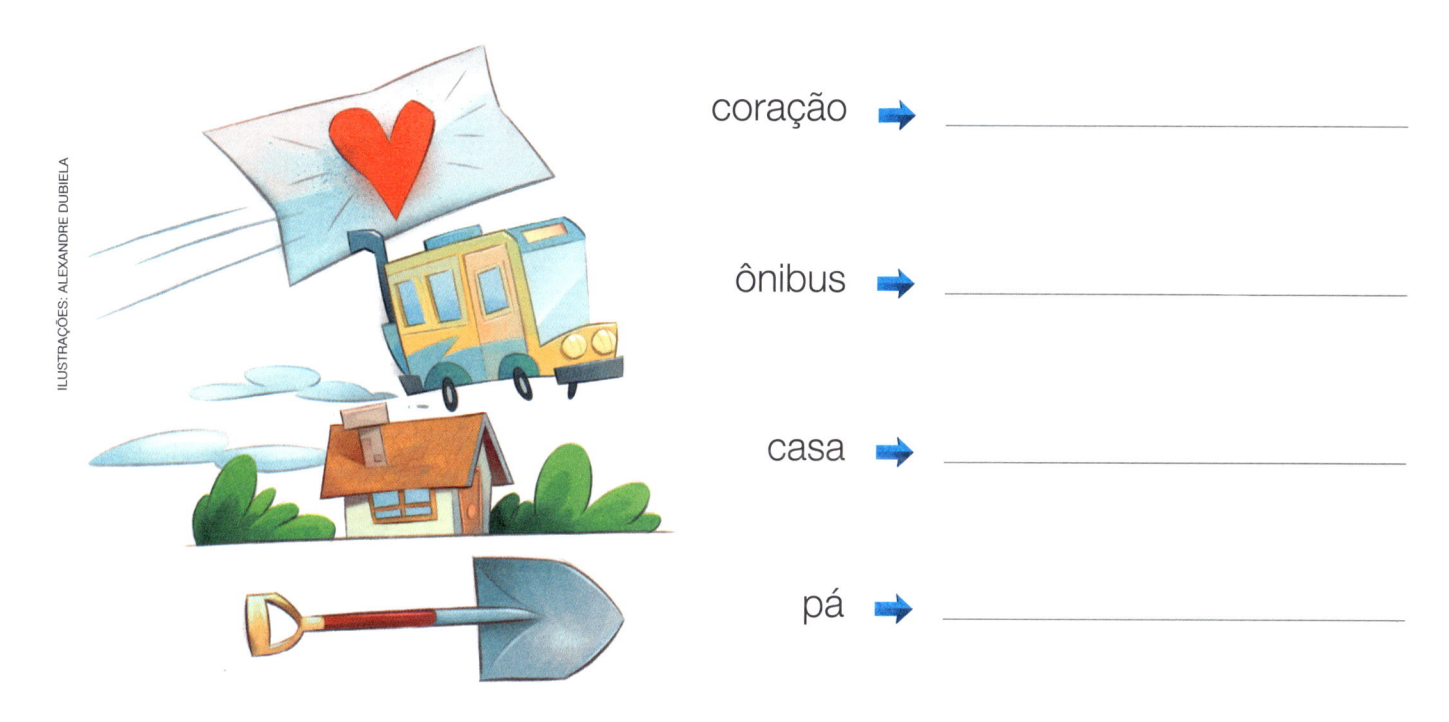

coração ➡ _____

ônibus ➡ _____

casa ➡ _____

pá ➡ _____

a) Circule as palavras em que você manteve o **s** na escrita.

b) Em que palavras você acrescentou **zinho**/**zinha**?

4 Reescreva as frases empregando no diminutivo as palavras destacadas.

a) Ganhei uma **irmã**. Meus pais adotaram uma **menina** linda.

_____

_____

b) O cachorro da Vivi parece uma **raposa**.

_____

_____

Não confunda! D ou T

____eser____o   ____inossauro   ____empero   esca____a

Para falar e escrever melhor

Oficina das palavras — Escrevendo uma mensagem

1 Leia esta mensagem escrita por uma menina de 7 anos.

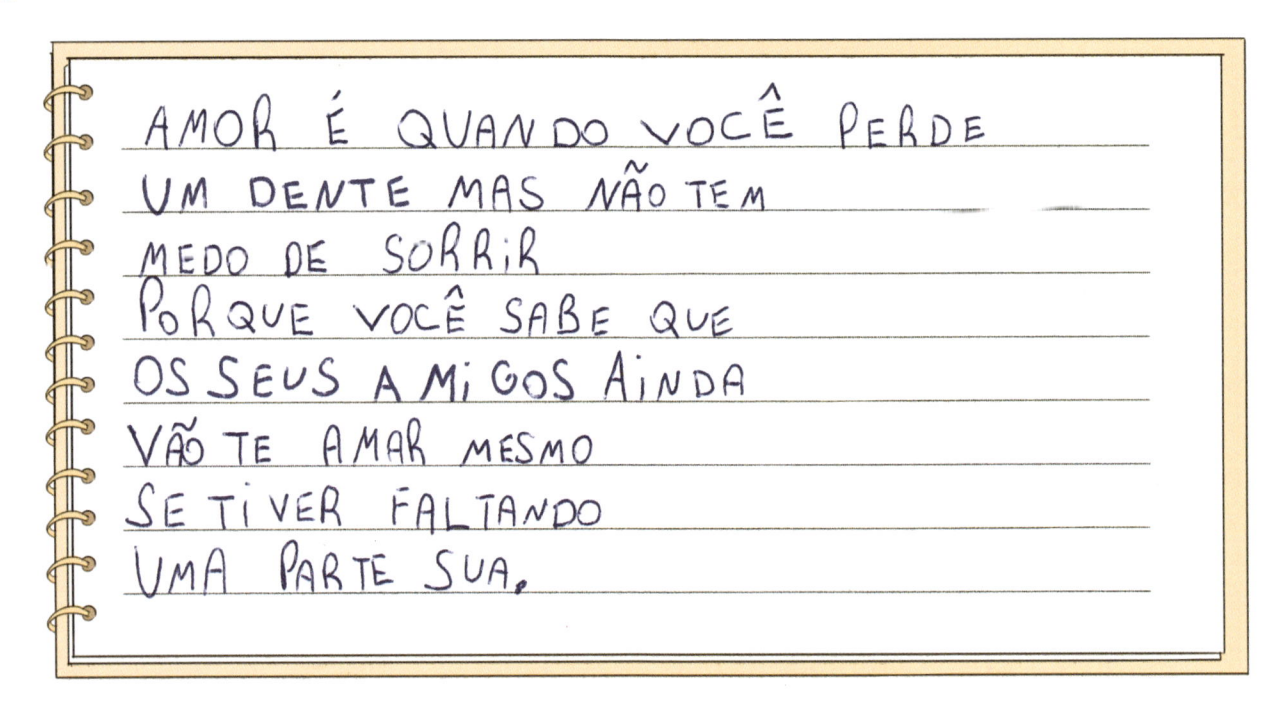

> AMOR É QUANDO VOCÊ PERDE
> UM DENTE MAS NÃO TEM
> MEDO DE SORRIR
> PORQUE VOCÊ SABE QUE
> OS SEUS AMIGOS AINDA
> VÃO TE AMAR MESMO
> SE TIVER FALTANDO
> UMA PARTE SUA.

a) Circule os substantivos.

b) Escreva no diminutivo essas palavras que você circulou.

2 Agora, escreva uma mensagem que comece com "O amor é".

- Use ao menos um substantivo no diminutivo.

O amor é

Para falar e escrever melhor

Comunicação oral — Relatando uma experiência pessoal

1 Leia o início de uma reportagem sobre amizade.

> Amigos são parte importante da nossa vida. É com eles que crescemos, aprendemos e nos divertimos. Já imaginou uma vida sem amizade? Não teria a menor graça. E o amigo não precisa ser igual à gente para gostarmos dele. Ele pode ter personalidade diferente da nossa, ser melhor em algumas coisas e pior em outras. É na hora de brincar e dividir seus pensamentos numa conversa que tudo começa. [...]
>
> *O Estado de S. Paulo*, 25 ago. 2012. Estadinho.

2 Quem é seu melhor amigo? Você vai relatar para os colegas como o conheceu. Se não se lembra de como foi, conte uma experiência legal que vocês tiveram juntos. Pode ser uma brincadeira, um passeio ou algo que você considere marcante na amizade de vocês.

3 Procure usar expressões, como "naquele dia", "antes", "depois". Evite usar palavras, como "né", "daí", "então".

4 Fale em um tom de voz que todos ouçam, mas sem gritar.

Audiovisual
Relato de memória

Autoavaliação	👍	👎
Relatei uma experiência que prendeu a atenção da classe?		
Usei expressões como "naquele dia", "antes", "depois"?		
Evitei usar palavras como "né", "daí", "então"?		
Falei em um tom de voz que todos pudessem ouvir?		

TEXTO 2

O texto que você vai ler é um **e-mail**. Observe quem escreve, quem recebe e qual é a mensagem.

LER PARA SE INFORMAR

| Mensagem | Inserir | Opções | Formatar Texto |

De: chapeuzinho@foret.com.fr
Para: saciperere@floresta.com.br
Assunto:

Prezado senhor Saci Pererê:

Soube de sua existência na biblioteca pública infantil e juvenil que gosto de frequentar. Lá encontrei livros do escritor brasileiro Monteiro Lobato e do folclorista Câmara Cascudo.

O que mais chamou minha atenção foi que nós dois usamos, na cabeça, a mesma cor: gorros vermelhinhos.

Eu até já esqueci meu nome, pois todos me chamam de Chapeuzinho Vermelho...

Teria imenso prazer em me corresponder com o senhor.

Com meus respeitos,
Chapeuzinho Vermelho.

Ronaldo Simões Coelho. *Dois chapéus vermelhinhos*.
São Paulo: Aletria, 2010. (texto adaptado)

Tantas palavras

- O sinal gráfico **@** (lê-se "*arroba*") é usado na informática para indicar a localização de endereços de *e-mail*. Em inglês, significa *at,* ou seja, "em", "estar em algum lugar".

Para compreender o texto

1 Converse com os colegas.

Atividade interativa
Cuidados com a internet

a) Quem escreveu a mensagem do *e-mail*?

b) Para quem ele foi enviado?

c) Você utiliza *e-mail*? Com que finalidade?

d) Para quem você enviaria um *e-mail*? Por quê?

Fique sabendo

E-mail é a forma abreviada do termo em inglês *electronic mail*, que significa correio eletrônico. É um serviço que permite escrever, enviar e receber mensagens por meio de computadores ou sistemas eletrônicos (celulares, *tablets*) conectados na internet.

2 O *e-mail* que você leu foi escrito para

☐ esclarecer uma dúvida.

☐ fazer um agradecimento.

☐ iniciar uma conversa.

☐ responder a um convite.

Fique sabendo

Um *e-mail* possui basicamente duas partes:

- **Cabeçalho** é um conjunto de informações sobre a mensagem, como o **endereço do remetente** (quem envia), **endereço do destinatário** (quem recebe) e o **assunto**, que deve informar com clareza o conteúdo da mensagem.
- **Corpo da mensagem** é a parte que contém o texto da mensagem.

3 O campo "assunto" não foi preenchido no cabeçalho do *e-mail*.

a) Escreva uma palavra ou frase que informe o conteúdo da mensagem.

_____

_____

b) Copie do corpo da mensagem duas palavras que foram escritas no diminutivo.

_____

Para compreender o texto

> **Fique sabendo**
>
> Para usar o serviço de *e-mail* é necessário ter um endereço eletrônico.
>
> As últimas letras do endereço eletrônico indicam o país de origem da mensagem, por exemplo: **.br** – Brasil, **.it** – Itália, **.fr** – França, **.pt** – Portugal.

4 Ligue as colunas.

a) Depois, copie do texto o endereço eletrônico das personagens.

Destinatário

Remetente

b) Circule a parte dos endereços que corresponde ao país de cada personagem.

5 O remetente cita alguma característica em comum com o destinatário da mensagem? Qual?

_____
_____

> **Fique sabendo**
>
> Os *e-mails*, assim como as cartas e os bilhetes, costumam começar com uma saudação e encerrar com uma despedida e a assinatura do remetente.

6 Que saudação o remetente usou para iniciar a mensagem?

_____

- Na sua opinião, ela indica intimidade entre as personagens? Por quê?

_____
_____

Para falar e escrever melhor

Singular e plural

1 Leia a tirinha.

ARMANDINHO — Alexandre Beck

- PRA MIM O MELHOR AMIGO DO SER HUMANO É O SAPO!
- MAS O CACHORRO CUIDA DA CASA! É COMPANHEIRO NOS PASSEIOS, NA ALEGRIA E NA TRISTEZA! O QUE UM SAPO FAZ POR VOCÊ?!
- EU NÃO TENHO AMIGOS POR INTERESSE, MINHA SENHORA!

a) No primeiro quadrinho, como está indicada a fala de Armandinho?

b) Na segunda cena da tirinha, quem é que está falando?

c) No último quadrinho, o sapo parece feliz com a resposta do menino. Por quê?

d) Na história, o menino diz **amigo** e, depois, **amigos**. Qual é a diferença entre a palavra com **s** no fim e a palavra sem **s** final?

_____

_____

2 Use **s** para indicar mais que um.

a) uma bala – dez _____

b) o sapo – os _____

c) meu livro – meus _____

d) a foto – as _____

Em nossa língua, muitas palavras têm uma forma para o **singular** e outra para o **plural** para indicar a quantidade de elementos.

- A forma do **singular** indica um só elemento.
  Exemplos: (o, um) *lobo*; (o, um) *passeio*; (a, uma) *bola*.
- A forma do **plural** indica mais de um elemento.
  Exemplos: (os, uns) *lobo**s***; (os, uns) *passeio**s***; (as, umas) *bola**s***.

Para falar e escrever melhor

3 Complete as informações com a palavra no singular ou no plural.

a) Os _____ de harpia, ou gavião-real, têm poucas penas e os pais precisam ficar sobre eles para aquecê-los logo que nascem. (filhote/filhotes)

b) A _____ consegue ficar muito tempo submersa depois de renovar o ar de seus pulmões na superfície da água. (baleia/baleias)

c) No litoral brasileiro, cinco _____ de tartarugas marinhas são monitoradas por pesquisadores. (espécie/espécies)

d) O tamanduá se alimenta de cupins, _____ e larvas de insetos. (formiga/formigas)

4 Escreva as frases no singular seguindo o exemplo.

Os dias estavam bonitos.
O dia estava bonito.

a) Os alunos foram ao zoológico com os professores.
_____
_____

b) As meninas ficaram com medo dos leões.
_____
_____

c) Os macacos jogaram areia nos meninos.
_____
_____

Esquina da poesia

O bairro onde moro é assim,
tem gente de tudo que é jeito.
Pessoas que são muito chatas,
e um monte de amigos do peito:
o Bruno do prédio da frente,
o Ricardo do sétimo andar,
o irmão da Lúcia da esquina,
o filho do dono do bar.

Cláudio Thebas. *Amigos do peito*.
Belo Horizonte: Formato, 1996.

ÃO/ONA

1 Leia as palavras que acompanham as figuras.

onça — onçona — macaco — macacão

- Faça o mesmo para indicar tamanho grande.

   a) leão – _____

   b) girafa – _____

   c) peixe – _____

   d) rã – _____

   e) urubu – _____

   f) minhoca – _____

> As palavras com terminações que indicam tamanho grande estão no **aumentativo**.

2 Sublinhe as palavras que estão no aumentativo.

a) Que dentão! Nem parece dente de leite!

b) Nunca viajei de caminhão.

c) Tenho uma amiga que toca sanfona muito bem.

d) Vi uma ratona em cima do muro. Um bichão!

e) Não sei se vou aguentar comer esta maçãzona inteira.

f) Na praia, apareceu um pinguinzão. Eu só tinha visto pinguins em filmes.

Para falar e escrever melhor

Memória visual

Desafio no parque

Rita foi desafiada a montar dois cartazes com desenhos iguais colocados exatamente nas mesmas posições.

- Mostre para Rita as figuras que ficaram fora de lugar escrevendo o nome de cada uma delas.

_____
_____
_____

- Escreva o nome dessas figuras no diminutivo.

_____
_____
_____

- Agora, escreva esses nomes no aumentativo.

_____
_____
_____

Para falar e escrever melhor

COMUNICAÇÃO ESCRITA

Hora de produzir um texto! Vá para a página 40 do **Caderno do Escritor**.

167

UNIDADE 8

Eu faço de conta

O que eu vejo

Observe a imagem e converse com os colegas.

- Você conhece estas personagens?
- Onde elas estão?
- O que elas estão fazendo?

O que eu sei

Agora, fale de você.

- Você gosta de imaginar situações impossíveis?
- Gosta de filmes com personagens que não existem no mundo real?
- Quais são as suas personagens preferidas?

Cena do filme *Shrek 2* (EUA, 2004), dirigido por Andrew Adamson, Kelly Asbury e Conrad Vernon.

TEXTO 1

O texto a seguir é um **conto de fadas**. Acompanhe a leitura e preste atenção no modo como a história é contada, quando e em que lugar ela acontece e nas personagens.

LER POR PRAZER

🖱 Áudio
Cinderela (Meia-noite)

Cinderela

Esta é a história da pobre Cinderela, uma moça bondosa e alegre que era obrigada pela malvada madrasta e suas duas invejosas filhas a trabalhar até cansar.

Certo dia, o criado do rei trouxe um convite para o baile real em que o príncipe procuraria uma esposa entre todas as donzelas do reino. Cinderela penteou e vestiu as irmãs para a ocasião, enquanto elas zombavam da pobre garota, que não poderia ir ao baile.

Cinderela as viu partir e ficou muito triste e sozinha no jardim, quando, de repente, uma fada madrinha surgiu diante dela.

Com um toque de sua varinha mágica, a fada transformou uma abóbora em uma linda carruagem e os trapos de Cinderela em um magnífico vestido.

— Vá ao baile, querida — disse-lhe a fada. — Mas lembre-se de que, à meia-noite em ponto, a magia acabará e tudo voltará ao seu estado normal.

O príncipe dançou com Cinderela a noite toda e apaixonou-se pela doce garota, porém, quando o relógio marcou meia-noite, Cinderela fugiu do palácio, perdendo no caminho um de seus sapatos de cristal.

No dia seguinte, o príncipe ordenou que todas as donzelas do reino provassem o sapato para que ele encontrasse a dona, pois aquela seria a moça com quem se casaria.

Centenas de moças fizeram fila para provar o sapatinho, mas ele só coube nos pés de Cinderela, diante dos olhares invejosos das filhas da madrasta. Cinderela casou-se com o príncipe e eles viveram felizes para sempre.

María Mañeru. *Contos da carochinha: um livro de histórias clássicas*. Barueri: Girassol, 2014.

Tantas palavras

Releia o trecho.
— Vá ao baile, querida — disse-lhe a fada. — Mas lembre-se de que, **à meia-noite em ponto**, a magia acabará e tudo voltará ao seu estado normal.

- Qual é o significado da expressão **meia-noite em ponto**?

☐ Exatamente à meia-noite.

☐ Próximo da meia-noite.

Para compreender o texto

1 Converse com os colegas.

a) Por que as irmãs zombaram de Cinderela?

b) O príncipe dançou a noite toda com Cinderela, mas não chegou a saber seu nome ou seu endereço. Por que isso aconteceu?

c) Qual foi o objetivo do príncipe ao ordenar que todas as moças provassem o sapatinho de cristal?

d) Você conhece outras versões dessa história?

e) Em sua opinião, o que uma história precisa ter para ser um conto de fadas?

Fique sabendo

O **conto de fadas** é uma história antiga transmitida de geração a geração. O **tempo** nessa narrativa é indefinido, ou seja, o leitor não sabe exatamente quando a história aconteceu.

O **cenário** é o lugar onde se passa a história. Pode ser um palácio, uma casa, uma floresta ou outro lugar.

2 Copie do texto a expressão que indica o tempo em que essa história aconteceu.

_____

a) Há outras expressões que indicam tempo nos contos de fadas. Escreva uma que inicie e outra que finalize os contos de fadas.

_____

_____

b) Que tempo essas expressões indicam?

3 Qual desses cenários não pertence à história de Cinderela?

☐ Casa. ☐ Palácio real.

☐ Jardim da casa. ☐ Floresta encantada.

Para compreender o texto

Fique sabendo

As **personagens** que mais aparecem nos contos de fadas são príncipes e princesas, reis e rainhas, fadas, bruxas, madrastas, criados, camponeses, mendigos e lobos.

As fadas e as bruxas têm **poderes mágicos** que auxiliam ou atrapalham a vida das outras personagens por meio de **encantamentos**.

4 Circule as personagens que aparecem no conto.

> bruxa príncipe princesa madrasta
> Cinderela camponês irmãs mendigo
> lobo fada madrinha criado

5 Que objeto usado pela fada madrinha tem poderes mágicos?

_____

6 Ligue as imagens de acordo com as transformações feitas pela fada madrinha na história.

7 Releia o início do texto.

Esta é a história da pobre Cinderela, uma moça bondosa e alegre que era obrigada pela malvada madrasta e suas duas invejosas filhas a trabalhar até cansar.

- Do que as invejosas filhas da madrasta tinham inveja?

_____

Para compreender o texto

> **Fique sabendo**
>
> O conto se organiza em **situação inicial**, **conflito** e **desfecho**.
>
> Na **situação inicial**, são apresentados as personagens, o lugar onde se passa a história e os acontecimentos iniciais.
>
> O **conflito** é o momento da narrativa em que algo novo acontece e muda a situação inicial. É em torno dele que a história se desenvolve.
>
> Quando o conflito é resolvido, acontece o **desfecho** da história, e a situação volta a ser de equilíbrio.

8 Qual é a situação inicial do conto?

_____
_____
_____
_____

9 Que fato novo acontece e muda essa situação?

_____

- Que nome se dá a esse momento da narrativa?

  ☐ Conflito.   ☐ Desfecho.

10 Como o conflito é resolvido?

_____
_____
_____
_____

11 Você conhece outra história que termina com a frase "e viveram felizes para sempre"? Conte aos colegas.

Para falar e escrever melhor

Dicionário: verbete

1 Observe esta página de dicionário.

---

videira — **vingança**

videira vi.**dei**.ra *substantivo feminino* Trepadeira que dá uva.

vídeo **ví**.de:o *substantivo masculino* **1.** Técnica que permite a gravação de imagem e som por meio de uma câmara. **2.** Esta gravação: *Este vídeo é muito bom.* **3.** A tela da televisão ou do monitor de um computador.

🌐 **videogame** (vídeoguei'me) [Inglês] *substantivo masculino* Brinquedo eletrônico exibido em vídeo (3), no qual os participantes controlam ações que nele ocorrem por meio de teclas, *joysticks*, ou *mouse*.

vidraça vi.**dra**.ça *substantivo feminino* Moldura com vidro, para porta ou janela.

vidro vi.dro *substantivo masculino* Material sólido, transparente e quebradiço que se obtém pela fusão e solidificação uma mistura de areia e outras substâncias.

vigésimo vi.**gé**.si.mo *numeral* **1.** Ordinal correspondente a 20: *O corredor chegou em vigésimo lugar.* **2.** Fracionário correspondente a 20: *Comi um vigésimo do bolo.*

vigia vi.**gi**.a *substantivo feminino* **1.** Ação de vigiar, ou o resultado desta ação: *A vigia foi feita durante a noite.* ✓ *substantivo de dois gêneros* **2.** O mesmo que *guarda* (2): *O vigia passa a noite numa cabine perto do portão.*

vigiar vi.**gi**.ar *verbo* **1.** Observar atentamente: *A tarefa do guarda é vigiar a rua.* **2.** Observar ocultamente; espreitar, espionar: *Os agentes secretos vigiam as pessoas suspeitas.* **3.** O mesmo que *velar* (2): *Há um enfermeiro para vigiar o doente.* **4.** Ficar de sentinela: *Nesta noite é você quem vigia.*

vigilante vi.gi.**lan**.te *substantivo de dois gêneros* Pessoa que vigia; guarda, vigia: *Os vigilantes permanecerão acordados a noite toda.*

510

vigor vi.**gor** (ô) *substantivo masculino* **1.** Força: *Os atletas fazem exercícios para manter o vigor.* **2.** O mesmo que *vitalidade*: *Nas florestas tropicais as árvores crescem com vigor.* **3.** Manifestação de firmeza, energia, segurança: *Defendeu suas ideias com vigor.*

vigoroso vi.go.**ro**.so (rô) *adjetivo* **1.** Que tem vigor físico; forte, robusto: *Contratou homens vigorosos para acompanhá-lo na expedição.* **2.** Que é realizado ou aplicado com força: *Com um vigoroso empurrão, consegui abrir a porta emperrada.* [Plural: *vigorosos* (ró).]

vila vi.la *substantivo feminino* Pequena povoação; povoado: *Os bandeirantes criaram vilas no sertão.*

vilão vi.**lão** *substantivo masculino* Indivíduo indigno: *Nas histórias infantis, os vilões sempre perdem.* [Plural: *vilões, vilãos e vilães*. Feminino: *vilã*.]

vinagre vi.**na**.gre *substantivo masculino* Condimento que é um líquido ácido resultante da fermentação do vinho, do álcool, etc.

vincar vin.**car** *verbo* **1.** Fazer vinco em tecido ou outro material. **2.** Ficar marcado por rugas ou vincos: *O sol e o vento vincaram o seu rosto.*

vinco vin.co *substantivo masculino* **1.** Marca que fica em algo que se dobrou. *A costureira fez vincos na saia.* **2.** Sulco ou ruga na pele: *As pessoas muito velhas têm vincos em todo o corpo.*

vínculo **vín**.cu.lo *substantivo masculino* O que relaciona duas coisas, ou liga duas pessoas; relacionamento: *Não há vínculo de parentesco entre nós.*

vingança vin.**gan**.ça *substantivo feminino* Ação de vingar(-se), ou o resultado desta ação.

Aurélio Buarque de Hollanda Ferreira. *Dicionário Aurélio ilustrado*. Coord. Marina B. Ferreira, Margarida dos Anjos. Curitiba: Positivo, 2008. p. 510.

Para falar e escrever melhor

- Você já aprendeu que, no dicionário, as palavras são organizadas em ordem alfabética.

    a) Com que letra as palavras da página ao lado começam?

    _____

    b) Encontre a palavra **vilão** e circule-a.

- Com um colega, leia o significado da palavra **verbete** de um dicionário.

> **verbete** [...] Os verbetes de um dicionário são os pequenos blocos de texto que trazem informações sobre o significado das palavras. [...]
>
> Rita Espeschit e Márcia Fernandes. *Fala, Brasil!: Dicionário ilustrado da língua portuguesa*. Belo Horizonte: Dimensão, 2011.

2 Observe o verbete da palavra **vilão** extraído do dicionário.

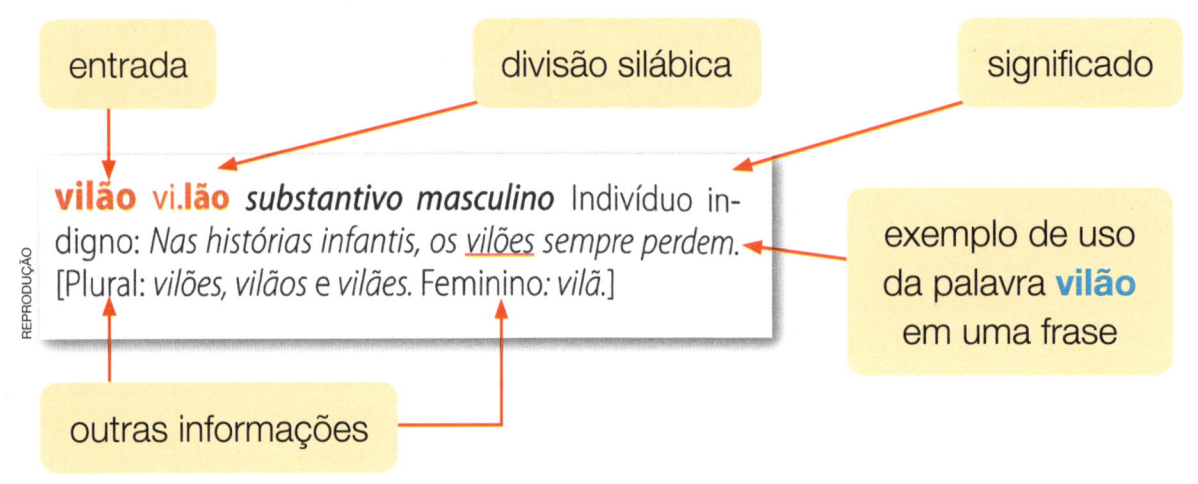

- entrada → **vilão**
- divisão silábica → vi.lão
- significado → Indivíduo indigno
- exemplo de uso da palavra **vilão** em uma frase → *Nas histórias infantis, os vilões sempre perdem.*
- outras informações → [Plural: *vilões, vilãos e vilães*. Feminino: *vilã*.]

vilão vi.**lão** *substantivo masculino* Indivíduo indigno: *Nas histórias infantis, os vilões sempre perdem.* [Plural: *vilões, vilãos e vilães*. Feminino: *vilã*.]

- Com a ajuda do professor, leia o verbete.

    a) Você conseguiu entender toda a explicação?

    b) Que vilão de história infantil você conhece?

    _____

    _____

3 Copie apenas a entrada de um dos verbetes da página de dicionário da página 175.

_____

- Quantos significados tem essa palavra no dicionário?

_____

Para falar e escrever melhor

Separação entre palavras

1 Releia um trecho do conto *Cinderela*.

No dia seguinte, o príncipe ordenou que todas as donzelas do reino provassem o sapato para que ele encontrasse a dona, pois aquela seria a moça com quem se casaria.

a) Quantas palavras há na primeira linha? ☐

b) Quantas palavras há na segunda linha? ☐

2 Escute o poema *Procura*, de José Paulo Paes, que o professor vai ler.

- Repita o primeiro e o último verso do poema.

- Quantas palavras eles têm? ☐

- Escreva um desses versos que você repetiu.
  _____

- Que palavras muito diferentes são faladas de um mesmo jeito?
  _____

Quando falamos, nem sempre fazemos pausas entre todas as palavras. Mas, quando escrevemos, é preciso deixar um espaço para separá-las.

Às vezes, é difícil saber onde há pausas ou espaços. Por isso, procure ficar atento ao falar ou escrever para não emendar as palavras.

177

Para falar e escrever melhor

3 Estes títulos de histórias foram escritos sem espaço entre as palavras.

- Reescreva-os colocando uma palavra em cada quadrinho.

chapeuzinhovermelho

☐ ☐

ostrêsporquinhos

☐ ☐ ☐

4 O que as crianças estão falando?

- Separe as palavras com barras para entendê-las.

Oamorquetumetinhaserapouco.

Euavinaruapreocupada.

Pagopoucoporcadaporcodafazenda.

Saiuabaladadafesta.

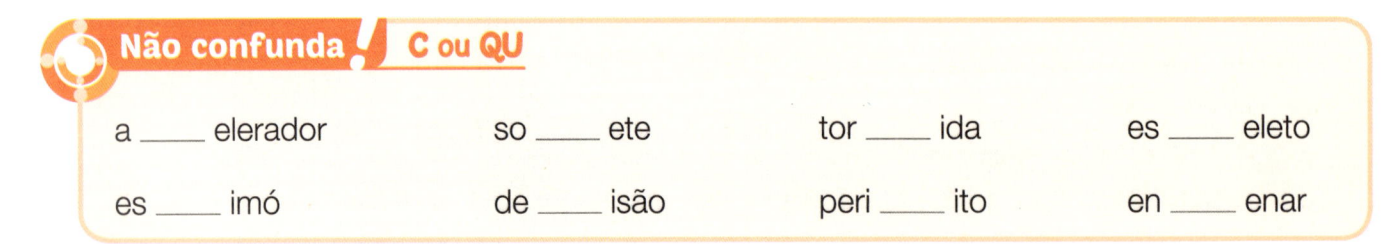

Não confunda — C ou QU

a ____ elerador   so ____ ete   tor ____ ida   es ____ eleto

es ____ imó   de ____ isão   peri ____ ito   en ____ enar

Para falar e escrever melhor

Comunicação oral — Entrevistando um adulto

Provavelmente, os contos de fadas fizeram parte da infância de seus pais, de seus avós e dos pais de seus avós.

O professor vai convidar um adulto e vocês vão entrevistá-lo para saber como os contos de fadas fizeram parte da vida dele.

1. Formem grupos e escrevam as perguntas que vão fazer ao entrevistado. Vocês podem perguntar, por exemplo:

   - qual ou quais eram as histórias preferidas dele;
   - quem lia ou contava a história para ele;
   - se a pessoa contava a história sempre do mesmo jeito ou fazia mudanças;
   - quando ele começou a ler as histórias sozinho.

2. Com a ajuda do professor, reúnam as perguntas dos grupos e escolham as mais interessantes para a entrevista.

   - Definam quem fará cada pergunta.

   Ouça as pessoas com respeito e atenção!
   Preste atenção na fala delas e espere sua vez de falar.

3. No dia da entrevista, acompanhe atentamente as respostas do entrevistado.

   - Se a resposta do entrevistado estimular você a fazer uma nova pergunta, peça a palavra levantando a mão.

Autoavaliação	👍	👎
Ajudei meu grupo a formular perguntas claras?		
Acompanhei as perguntas e as respostas atentamente?		
Fiz novas perguntas ao entrevistado, além das que foram escolhidas antes da entrevista?		

TEXTO 2

Esta outra versão da história de Cinderela é um **conto de fadas moderno**. Acompanhe a leitura e descubra o que existe de igual ou de diferente em relação ao conto da página 170.

LER POR PRAZER

Cinderela

A Cinderela era muito maltratada pelas irmãs e pela madrasta, trabalhava feito uma condenada. Lavava, passava, cozinhava, varria... Dizem que até fome a coitadinha passava. Mas no dia do grande baile no castelo do príncipe, uma senhora com jeito meio apalermado apareceu, disse que era sua fada madrinha. E não é que era mesmo?

Fez um gesto com a varinha mágica e transformou os trapos que a menina usava num lindo vestido. Com outro gesto transformou a abóbora numa carruagem e os camundongos em cavalos. Pensando bem, talvez isso fosse uma grande desvantagem, já que cavalo come muito mais do que camundongo. E espalha mais sujeira também.

Lá se foi ela, dançou com o príncipe, fugiu à meia-noite, perdeu o sapato, essas coisas todas que todo mundo já sabe. Só que, ainda no meio do caminho, o encantamento perdeu o efeito.

O vestido ficou de novo esfarrapado, os cavalos viraram camundongos e a carruagem... Bem, aí é que está o problema. Não sei se a fada era novata nesse negócio de encantamento. Ou se a varinha não era de uma boa marca. Tem aparecido tanta coisa falsificada... O fato é que a carruagem não voltou a ser totalmente abóbora. Nem ficou sendo totalmente carruagem. Passou a ser uma *aboboragem*; ou uma *carróbora*.

A Cinderela resolveu que não ia mais voltar pra casa. E, como o príncipe dançava muito mal, pisando a toda hora nos seus pés, resolveu que também não queria saber de príncipe nenhum. Ficou morando por ali mesmo, numa casinha à beira da estrada.

E nunca mais passou fome, porque podia comer todos os dias ensopado de abóbora, salada de abóbora, purê de abóbora, doce de abóbora..

Maurício Veneza. *Aí é outra história...* São Paulo: Record, 2012.

Para compreender o texto

1 Converse com os colegas.

a) Como era a vida da Cinderela do conto de fadas que você acabou de ler?

b) Por que o autor diz que o encantamento perdeu o efeito?

c) O final da história é igual ao dos contos de fadas tradicionais?

d) De qual das duas versões do conto *Cinderela* você gostou mais? Por quê?

> **Fique sabendo**
>
> O **conto de fadas moderno** explora temas e personagens presentes nos contos de fadas tradicionais, mas com **humor**.
>
> O humor é causado por situações engraçadas e inesperadas ou por comentários divertidos feitos por quem escreve a história.

2 Releia o início do conto e observe a frase em destaque.

> A Cinderela era muito maltratada pelas irmãs e pela madrasta, trabalhava feito uma condenada. Lavava, passava, cozinhava, varria... **Dizem que até fome a coitadinha passava**.

a) Sublinhe no texto outros trechos em que o autor comenta a história parecendo conversar com o leitor.

b) Por que você acha que o autor fez esses comentários?

_____

_____

_____

c) No conto de fadas da página 170, o autor faz esse tipo de comentário no texto?

_____

_____

Para compreender o texto

3 Por que à meia-noite a carruagem não voltou a ser totalmente abóbora?

_____
_____
_____

4 Complete conforme o texto.

a) abóbora + carruagem = _____

c) carruagem + _____ = carróbora

- Qual foi a intenção do autor ao criar essas palavras?

_____

5 Por que Cinderela nunca mais passou fome?

_____
_____
_____

Fique sabendo

As **personagens** e os **objetos mágicos** dos contos de fadas modernos apresentam características que, geralmente, não aparecem nos contos de fadas tradicionais. Por exemplo, o príncipe pode ser medroso, a fada madrinha, engraçada, e a varinha de condão pode fazer feitiços pela metade.

183

Para compreender o texto

6 Que frase descreve características de personagens e objetos do conto de fadas moderno?

☐ A fada é uma senhora tola que não faz as coisas direito.

☐ A fada é uma senhora bondosa, gentil e amável.

☐ O príncipe é bonito, valente e perfeito em todas as coisas que faz.

☐ O príncipe não sabe dançar e pisa nos pés da princesa.

☐ A varinha mágica é falsificada ou de marca ruim.

☐ A varinha mágica funciona perfeitamente com apenas um toque.

7 Compare o final dos dois contos completando o quadro.

Conto de fadas tradicional	Cinderela casou-se com o _____ e eles _____.
Conto de fadas moderno	A Cinderela resolveu que não _____ _____. E, como o príncipe _____ _____, pisando a toda hora nos seus pés, resolveu que também não queria saber de príncipe nenhum. Ficou morando por ali mesmo, numa casinha à beira da estrada.

Para falar e escrever melhor

Sinônimos

1 Releia um trecho do conto moderno *Cinderela*.

> Pensando bem, talvez isso fosse uma grande **desvantagem**, já que cavalo come muito mais do que camundongo.

a) Leia o significado da palavra destacada.

> **desvantagem**: falta de vantagem; inferioridade em qualquer assunto ou competência; prejuízo.

b) Reescreva o trecho acima substituindo a palavra **desvantagem** por outra de significado igual ou semelhante.

_____

_____

_____

> A palavra que tem significado igual ou semelhante ao de outra palavra é chamada **sinônimo**.

2 Substitua as palavras destacadas nas frases por um dos sinônimos abaixo.

| guloso | contentos | longos |

a) A boneca dela tem cabelos **compridos**.

_____

b) As crianças ficaram **alegres** com a surpresa.

_____

c) João é muito **comilão**!

_____

185

Para falar e escrever melhor

Antônimos

1 Releia um trecho do conto *Cinderela* da página 170.

Cinderela as viu **partir** e ficou muito **triste** [...] no jardim, quando, de repente, uma fada madrinha **surgiu** diante dela.

• Com um colega, reescreva o trecho acima substituindo as palavras destacadas por outras de significado contrário. Por exemplo: o contrário de **feio** é **bonito**.

_____
_____
_____
_____

> A palavra que tem significado contrário, oposto ao de outra palavra, é chamada **antônimo**.

2 Complete as frases com o antônimo das palavras destacadas.

a) O cachorro não é **magro**. Ele é _____.

b) O leite não está **quente**. Ele está _____.

c) A noite não está **clara**. Ela está _____.

d) As roupas não estão **limpas**. Elas estão _____.

e) A tartaruga não anda **rápido**. Ela anda _____.

f) O trem não está **cheio**. Ele está _____.

> O antônimo também pode ser indicado pelo acréscimo de **IN** ou **IM** no início de algumas palavras.
> Exemplos: *feliz – **in**feliz*; *perfeito – **im**perfeito*.

Para falar e escrever melhor

3 Forme o antônimo das palavras a seguir usando **in** ou **im**.

a) fiel: _____.

b) possível: _____.

c) perdoável: _____.

d) completo: _____.

e) sensível: _____.

f) certo: _____.

g) paciente: _____.

4 Releia novamente este trecho do conto moderno *Cinderela*.

> Pensando bem, talvez isso fosse uma grande **desvantagem**, já que cavalo come muito mais do que camundongo.

a) **Desvantagem** é antônimo de que palavra?

_____

b) Crie uma frase com a palavra **vantagem**.

_____

> O antônimo também pode ser indicado pelo acréscimo de **DES** no início de algumas palavras.
> Exemplos: *acordo* – ***des**acordo*; *coberto* – ***des**coberto*.

5 Forme o antônimo das palavras a seguir usando **des**.

a) amor: _____.

b) carregar: _____.

c) centralizar: _____.

d) feito: _____.

e) penteado: _____.

f) conforto: _____.

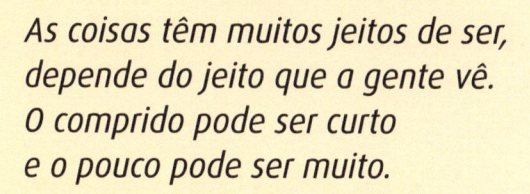

Esquina da poesia

As coisas têm muitos jeitos de ser,
depende do jeito que a gente vê.
O comprido pode ser curto
e o pouco pode ser muito.

Jandira Masur. *O frio pode ser quente?*.
São Paulo: Ática, 1980.

ALBERTO DE STEFANO

Para falar e escrever melhor

Ortografia — Letras L e U

- Observe as ilustrações e complete os nomes com **l** ou **u**.

pince_____

cé_____

go_____

berimba_____

1 Leia estas estrofes.

Depois de uma viagem
pelo espaço sideral,
o astronauta chegou
ao seu destino afinal:

Um planeta diferente
cujo em cima estava embaixo
e o atrás ficava na frente.

José Paulo Paes. *É isso ali*. São Paulo: Salamandra, 2005.

a) Sublinhe as palavras terminadas em **l** e circule as terminadas em **u**.

b) Como você pronuncia a letra **l** no final das palavras?

Na pronúncia, geralmente, a letra L tem som de U quando está em final de sílaba.
Exemplos: *papel* (pa-pel), *sol* (sol), *balde* (bal-de).
Na escrita, a troca de L por U muda o sentido da palavra.
Exemplos: *calda* (líquido espesso e viscoso); *cauda* (rabo).

Para falar e escrever melhor

2 Leia estas palavras.

cruel	policial	bacalhau	caracol
pau	curau	igual	funil
festival	quartel	aluguel	cacau
caiu	valeu	ganhou	troféu

O **cacau** é o fruto do cacaueiro. Sua semente é usada para fazer chocolate.

• Organize essas palavras no quadro.

Palavras terminadas em **L**		Palavras terminadas em **U**	

3 Complete com **l** ou **u** e leia as palavras.

manua____   paio____   futebo____

a____deia   re____nião   cacheco____

a ____tógrafo   aço____gue   anzo____

• Use algumas dessas palavras para completar as frases.

a) Ana deu um _____ de presente para seu tio.

b) Pedi um _____ ao goleiro do meu time.

c) Paulo tem uma _____ de negócios em Belém.

d) O pesquisador conheceu uma _____ xavante.

e) O pescador usou um _____ especial para pescar carpas.

189

Para falar e escrever melhor

Memória visual

Era uma vez...

Ajude o príncipe a libertar sua amada princesa e levá-la de volta ao castelo do reino.

- Siga a trilha da floresta encantada completando as palavras com as letras das poções mágicas: l e u.

- Agora, escreva essas palavras.

1) Palavras escritas com l:

_____

_____

_____

_____

_____

_____

2) Palavras escritas com u:

_____

_____

_____

_____

_____

ba_____nilha

a_____moço

berimba_____

pne_____

po_____vo

chapé_____

sa_____gado

fra_____da

l   u

190

Para falar e escrever melhor

- pa____co
- o ____riço
- so____
- lo____ça
- aventa____
- lenço____
- minga____
- po____trona
- vo____tar
- bo____sa
- po____co
- o____ro

... e viveram felizes para sempre!

COMUNICAÇÃO ESCRITA

Hora de produzir um texto! Vá para a página 44 do **Caderno do Escritor**.

LETRAS MÓVEIS

- RECORTE AS LETRAS MÓVEIS. VOCÊ AS UTILIZARÁ EM VÁRIAS ATIVIDADES.

A	B	C	D
E	F	G	H
I	J	K	L
M	N	O	P
Q	R	S	T
U	V	W	X

194

Y Z A B

C D E F

G H I J

K L M N

O P Q R

S T U V

196

W	X	Y	Z
A	A	A	A
A	A	A	E
E	E	E	E
E	E	I	I
I	I	I	I

198

I	O	O	Õ
O	O	Õ	Õ
U	U	U	U
U	U	U	Ã
Ã	Ã	Õ	Õ
Õ	Ç	Ç	Ç

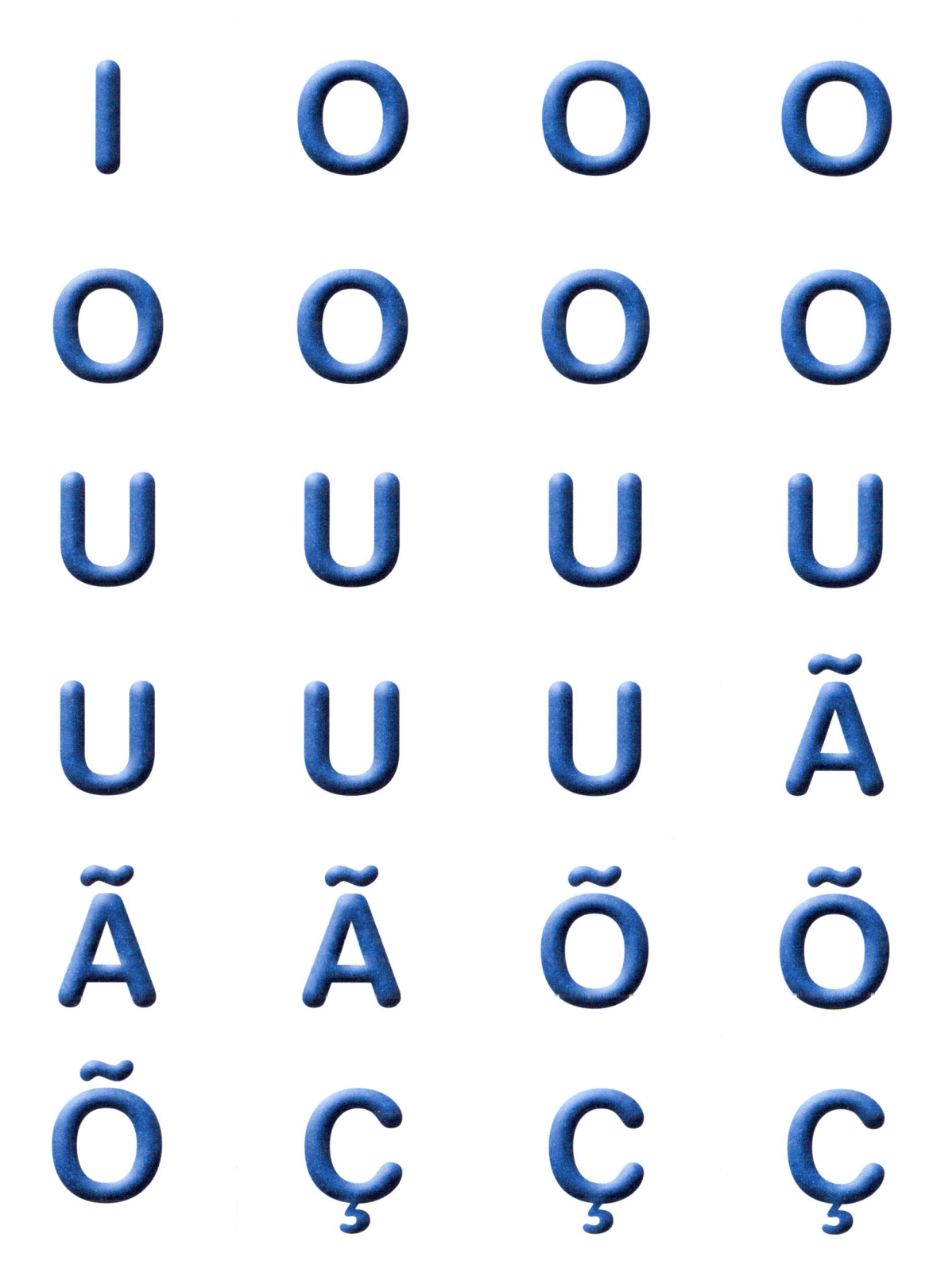

200

ALFABETO ILUSTRADO

- VEJA COMO AS LETRAS PODEM SER ESCRITAS DE DIFERENTES FORMAS.

A a	B b	C c	D d
E e	F f	G g	H h
I i	J j	K k (KÁTIA)	L l
M m	N n	O o	P p
Q q	R r	S s	T t
U u	V v	W w (WÁLTER)	X x
	Y y (YARA)	Z z	

202

ALFABETO CURSIVO

- VEJA O TRAÇADO DAS LETRAS CURSIVAS.

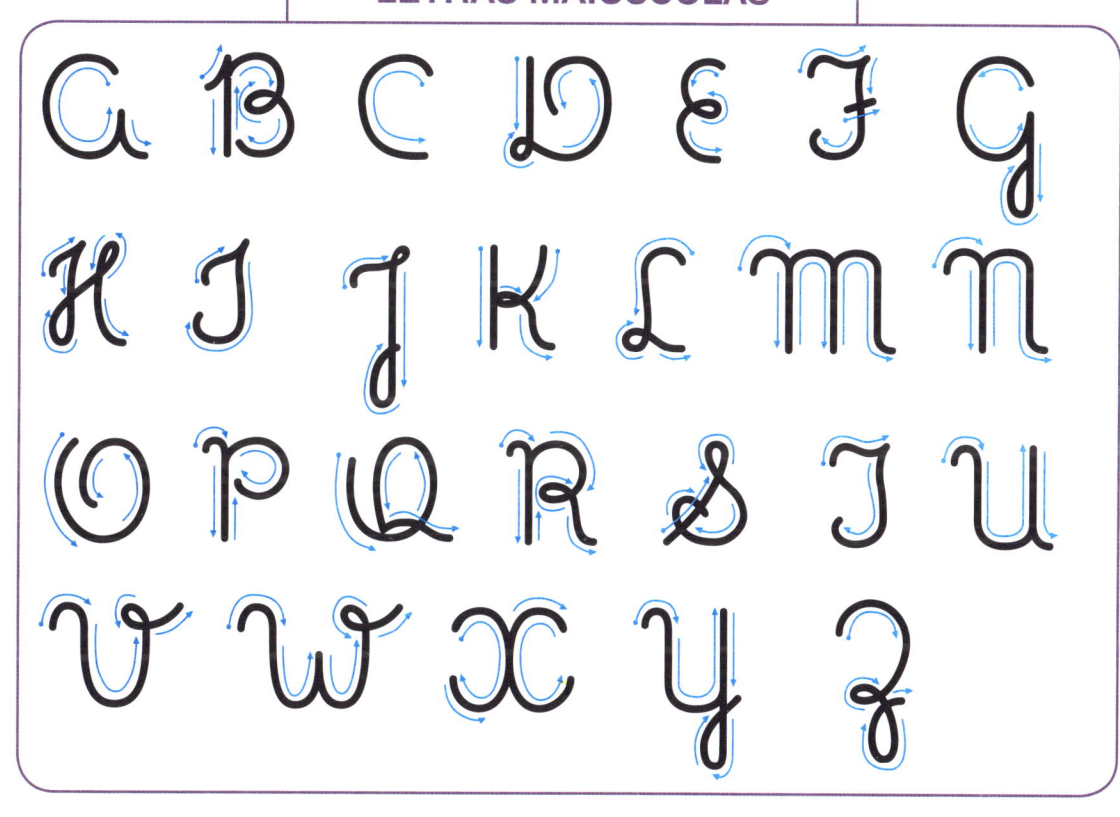

LETRAS MAIÚSCULAS

A B C D E F G
H I J K L M N
O P Q R S T U
V W X Y Z

LETRAS MINÚSCULAS

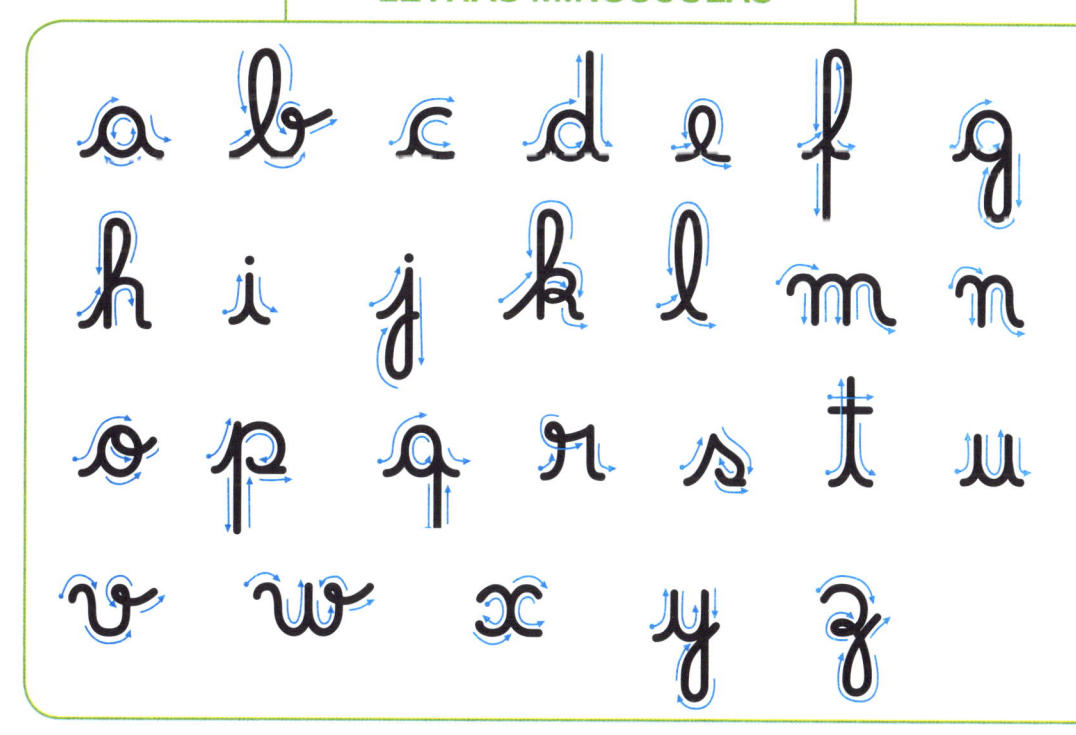

a b c d e f g
h i j k l m n
o p q r s t u
v w x y z

203

BURITI Plus PORTUGUÊS 2

CADERNO DO ESCRITOR
COMUNICAÇÃO ESCRITA

Organizadora: Editora Moderna
Obra coletiva concebida, desenvolvida e produzida pela Editora Moderna.

Editora Executiva:
Marisa Martins Sanchez

NOME: ....

....TURMA: ....

ESCOLA: ....

....

1ª edição

MODERNA

Editora Moderna © 2018

MODERNA

Elaboração dos originais

Marisa Martins Sanchez
Licenciada em Letras pelas Faculdades São Judas Tadeu. Professora de Português em escolas públicas e particulares de São Paulo por 11 anos. Editora.

Acáccio João Conceição da Silva
Bacharel em Comunicação Social pela Universidade Católica de Santos. Editor.

Mary Cristina Pereira da Silva
Bacharel em Comunicação Social pela Universidade de Mogi das Cruzes. Licenciada em Letras pela Universidade Guarulhos. Pós-graduada em Língua Portuguesa pela Pontifícia Universidade Católica de São Paulo. Jornalista e editora.

Sueli Campopiano
Bacharel em Ciências Sociais pela Universidade de São Paulo. Editora.

Coordenação editorial: Sueli Campopiano
Edição de texto: Acáccio Silva, Mary Cristina Pereira da Silva, Sueli Campopiano
Assistência editorial: Magda Reis
Consultoria pedagógica: Elvira Souza Lima
Pesquisa de textos: Luciana Saito
Gerência de *design* e produção gráfica: Everson de Paula
Coordenação de produção: Patricia Costa
Suporte administrativo editorial: Maria de Lourdes Rodrigues
Coordenação de *design* e projetos visuais: Marta Cerqueira Leite
Projeto gráfico: Daniel Messias, Daniela Sato, Mariza de Souza Porto
Capa: Daniel Messias, Otávio dos Santos, Mariza de Souza Porto, Cristiane Calegaro
  Ilustração: Raul Aguiar
Coordenação de arte: Wilson Gazzoni Agostinho
Edição de arte: Daiane Alves Ramos, Regiane Santana
Editoração eletrônica: MRS Editorial
Coordenação de revisão: Elaine C. del Nero
Revisão: Nair H. Kayo, Renata Brabo, Simone Garcia
Coordenação de pesquisa iconográfica: Luciano Baneza Gabarron
Pesquisa iconográfica: Mariana Veloso
Coordenação de *bureau*: Rubens M. Rodrigues
Tratamento de imagens: Fernando Bertolo, Joel Aparecido, Luiz Carlos Costa, Marina M. Buzzinaro
Pré-impressão: Alexandre Petreca, Everton L. de Oliveira, Marcio H. Kamoto, Vitória Sousa
Coordenação de produção industrial: Wendell Monteiro
Impressão e acabamento: Bercrom Gráfica e Editora
Cód: 12113131
Lote: 781.331

Dados Internacionais de Catalogação na Publicação (CIP)
(Câmara Brasileira do Livro, SP, Brasil)

Buriti plus português / organizadora Editora Moderna ; obra coletiva concebida, desenvolvida e produzida pela Editora Moderna. — 1. ed. — São Paulo : Moderna, 2018. (Projeto Buriti)

Obra em 5 v. para alunos do 1º ao 5º ano.

1. Português (Ensino fundamental)

18-16393   CDD-372.6

Índices para catálogo sistemático:

1. Português : Ensino fundamental 372.6

Maria Alice Ferreira – Bibliotecária – CRB-8/7964

ISBN 978-85-16-11313-1 (LA)
ISBN 978-85-16-11314-8 (GR)

Reprodução proibida. Art. 184 do Código Penal e Lei 9.610 de 19 de fevereiro de 1998.
Todos os direitos reservados
EDITORA MODERNA LTDA.
Rua Padre Adelino, 758 – Belenzinho
São Paulo – SP – Brasil – CEP 03303-904
Vendas e Atendimento: Tel. (0_ _11) 2602-5510
Fax (0_ _11) 2790-1501
www.moderna.com.br
2023
Impresso no Brasil

1 3 5 7 9 10 8 6 4 2

ESTE CADERNO DO ESCRITOR COMPÕE SEU MATERIAL DE ESTUDOS EM CONJUNTO COM O LIVRO BURITI PLUS PORTUGUÊS 2.

NELE FICARÃO REGISTRADOS, DE MODO ORGANIZADO, OS TEXTOS QUE VOCÊ PRODUZIR AO LONGO DO 2º ANO. É CLARO QUE VOCÊ VAI ESCREVER OUTROS PEQUENOS TEXTOS INDICADOS NO LIVRO OU SOLICITADOS PELO PROFESSOR. MAS NESTE CADERNO FICARÃO AS PRODUÇÕES MAIORES, DA SEÇÃO "COMUNICAÇÃO ESCRITA", QUE APLICAM O QUE FOI ESTUDADO EM CADA UNIDADE DO LIVRO, SEGUINDO ALGUMAS ETAPAS.

ASSIM, VOCÊ, SEU PROFESSOR E SUA FAMÍLIA PODERÃO ACOMPANHAR SEU PROGRESSO COMO ESCRITOR.

CAPRICHE NAS IDEIAS E NA LETRA!

OS EDITORES

TANTAS PALAVRAS

RESERVAMOS TAMBÉM UM ESPAÇO PARA VOCÊ REGISTRAR AS PALAVRAS QUE PESQUISOU NO DICIONÁRIO APÓS A LEITURA DOS TEXTOS. SEMPRE QUE ESTIVER PRODUZINDO UM TEXTO, CONSULTE SUAS ANOTAÇÕES E TENTE UTILIZAR ALGUMAS DESSAS PALAVRAS.

CONHEÇA SEU CADERNO

NESTAS FICHAS, VOCÊ REGISTRA O **SIGNIFICADO DAS PALAVRAS** QUE PESQUISOU NO DICIONÁRIO PARA, DEPOIS, USÁ-LAS EM SUAS NOVAS PRODUÇÕES.

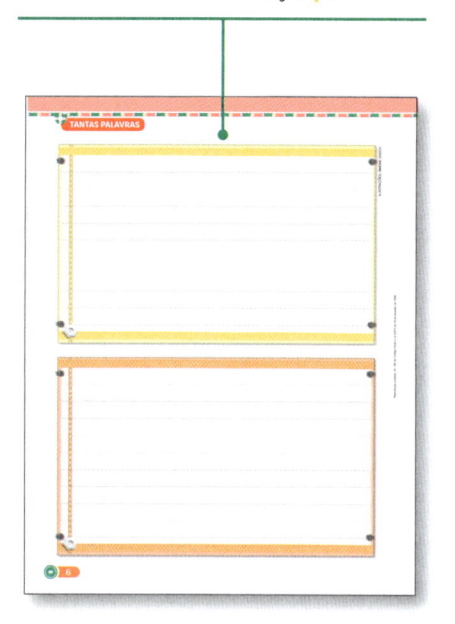

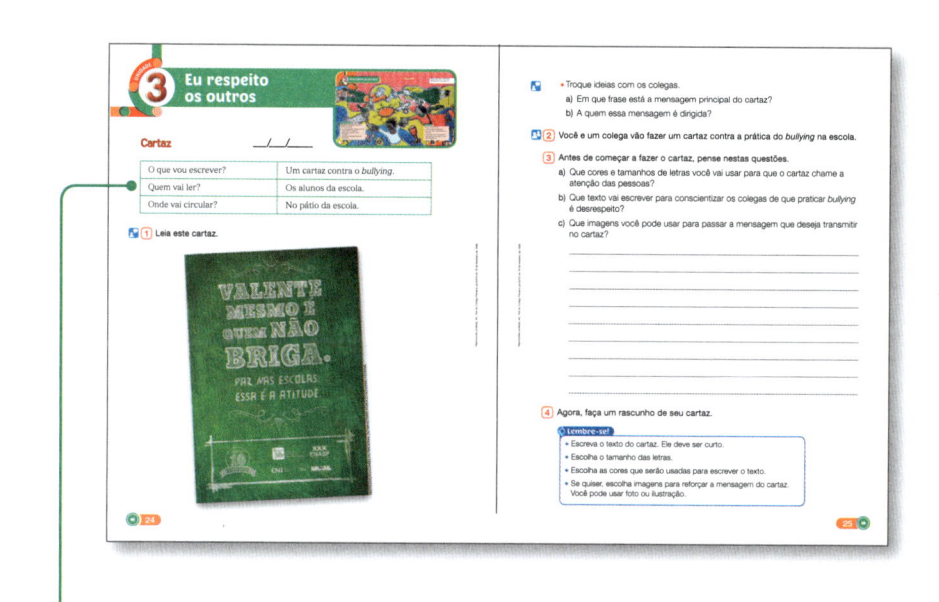

NESTAS PÁGINAS, ESTÃO AS **ORIENTAÇÕES** PARA SUA PRODUÇÃO.

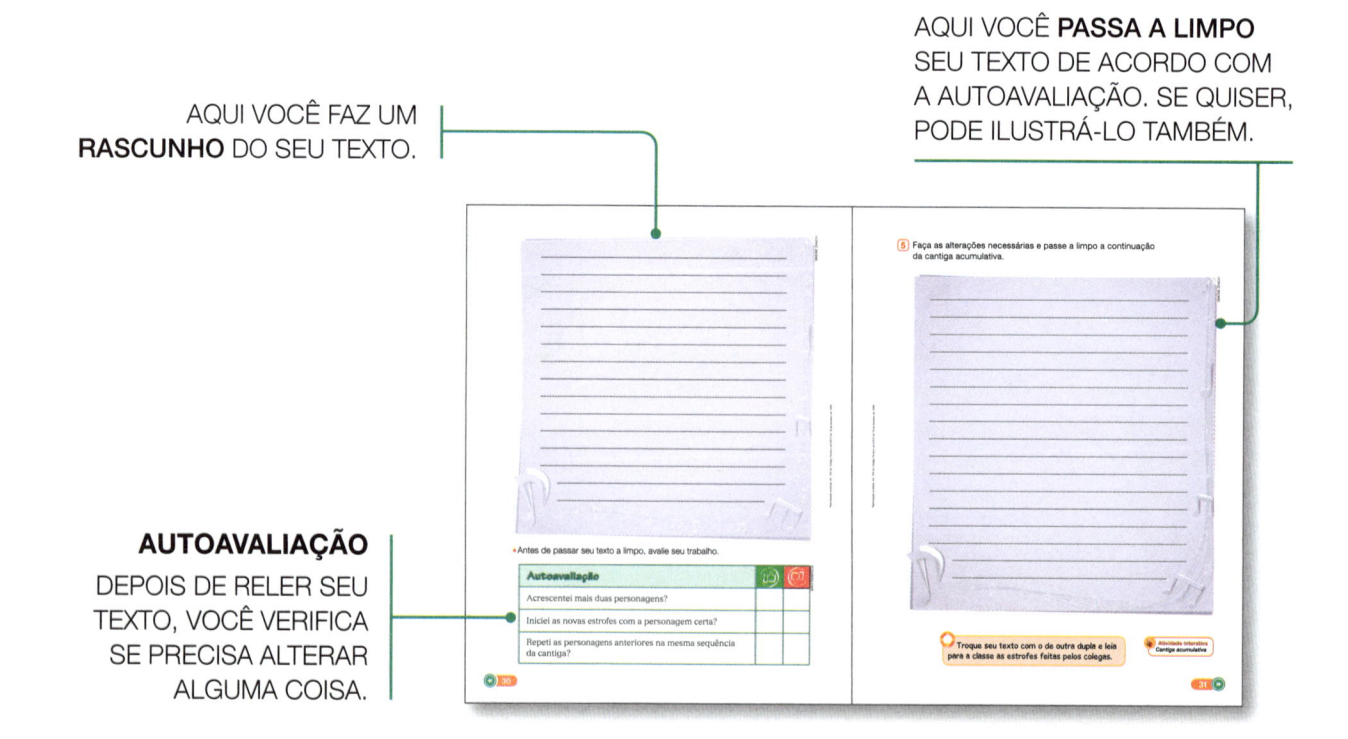

AQUI VOCÊ FAZ UM **RASCUNHO** DO SEU TEXTO.

AQUI VOCÊ **PASSA A LIMPO** SEU TEXTO DE ACORDO COM A AUTOAVALIAÇÃO. SE QUISER, PODE ILUSTRÁ-LO TAMBÉM.

AUTOAVALIAÇÃO
DEPOIS DE RELER SEU TEXTO, VOCÊ VERIFICA SE PRECISA ALTERAR ALGUMA COISA.

SUMÁRIO

TANTAS PALAVRAS **6**
MINHAS PRODUÇÕES **15**

TANTAS PALAVRAS

TANTAS PALAVRAS

TANTAS PALAVRAS

TANTAS PALAVRAS

TANTAS PALAVRAS

TANTAS PALAVRAS

TANTAS PALAVRAS

TANTAS PALAVRAS

TANTAS PALAVRAS

MINHAS PRODUÇÕES

SUMÁRIO

UNIDADE 1 **EU ME DIVIRTO** 16
PARLENDA

TÍTULO: _____

UNIDADE 2 **EU DECIFRO CHARADAS** 20
CARTA ENIGMÁTICA

TÍTULO: _____

UNIDADE 3 **EU RESPEITO OS OUTROS** 24
CARTAZ

TÍTULO: _____

UNIDADE 4 **EU CANTO E CONTO** 28
CANTIGA ACUMULATIVA

TÍTULO: _____

UNIDADE 5 **EU SOU CURIOSO** 32
FICHA DESCRITIVA

TÍTULO: _____

UNIDADE 6 **EU CUIDO DOS ANIMAIS** 36
NOTÍCIA

TÍTULO: _____

UNIDADE 7 **EU FAÇO AMIGOS** 40
E-MAIL

TÍTULO: _____

UNIDADE 8 **EU FAÇO DE CONTA** 44
CONTO DE FADAS

TÍTULO: _____

UNIDADE 1 — EU ME DIVIRTO

PARLENDA

___/___/_____

1 LEIA A PARLENDA.

CADÊ O TOUCINHO QUE ESTAVA AQUI?
O GATO COMEU.
CADÊ O GATO?
FOI PRO MATO.
CADÊ O MATO?
O FOGO QUEIMOU.
CADÊ O FOGO?
A ÁGUA APAGOU.
CADÊ A ÁGUA?
O BOI BEBEU.
CADÊ O BOI?
FOI CARREGAR TRIGO.
CADÊ O TRIGO?
A GALINHA ESPALHOU.
CADÊ A GALINHA?
FOI BOTAR OVO.
CADÊ O OVO?
O FRADE BEBEU.
CADÊ O FRADE?
TÁ NO CONVENTO.

DA TRADIÇÃO POPULAR.

2 AGORA, CONTINUE A PARLENDA DE ONDE ELA PAROU.

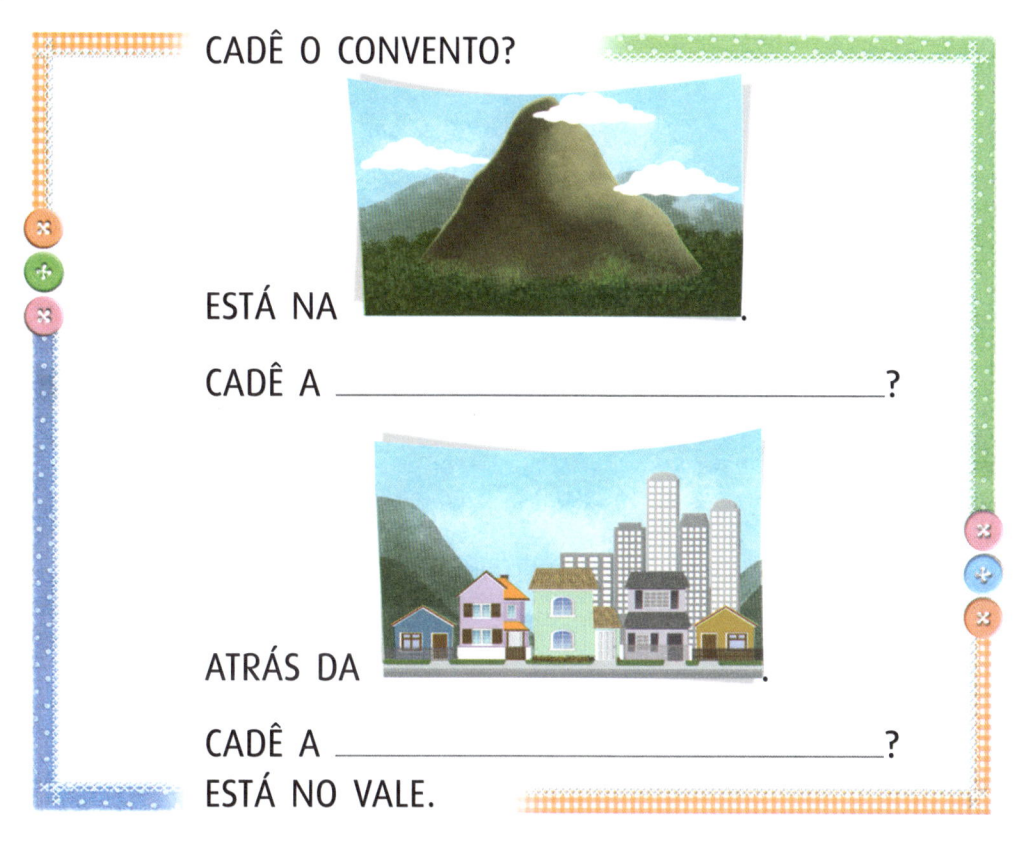

CADÊ O CONVENTO?

ESTÁ NA _____.

CADÊ A _____?

ATRÁS DA _____.

CADÊ A _____?
ESTÁ NO VALE.

- CONFIRA SE VOCÊ ESCREVEU CERTO AS PALAVRAS QUE COMPLETAM A PARLENDA.

MONTANHA    CIDADE

3 PASSE A LIMPO A PARLENDA QUE VOCÊ COMPLETOU.

4 LEIA A PARLENDA.

QUEM COCHICHA
O RABO ESPICHA!
QUEM ESCUTA
O RABO ENCURTA!
QUEM RECLAMA
O RABO INFLAMA!
QUEM COMENTA
O RABO AUMENTA!
QUEM IMPLICA
O RABO ESTICA!

MARIA JOSÉ NÓBREGA E ROSANE PAMPLONA (ORG.).
SALADA, SALADINHA: PARLENDAS. SÃO PAULO: MODERNA, 2005.

5 CIRCULE AS PALAVRAS QUE SE REPETEM NO TEXTO.

QUEM ESTICA ESPICHA

IMPLICA RABO RECLAMA

6 CRIE NOVOS VERSOS USANDO AS PALAVRAS QUE VOCÊ CIRCULOU NA ATIVIDADE 5 E ALGUMAS PALAVRAS DO QUADRO ABAIXO.

| ENROLA | BAILAR | VENDER | LER |
| IMITA | DANÇAR | FOFOCA | AGITA |

QUEM _____
O RABO _____!
QUEM _____
O RABO _____!

- PASSE A LIMPO OS VERSOS QUE VOCÊ CRIOU.

7 AGORA, É A SUA VEZ! CRIE UMA PARLENDA COM AS PALAVRAS DA CASINHA!

JANELINHA,

CAMPAINHA.

JANELA,

PORTA,

8 AGORA, AVALIE SEU TRABALHO.

AUTOAVALIAÇÃO	👍	👎
USEI PALAVRAS QUE RIMAM?		
COPIEI CORRETAMENTE OS TEXTOS?		
DÁ PARA BRINCAR COM A PARLENDA QUE CRIEI?		

UNIDADE 2 — EU DECIFRO CHARADAS

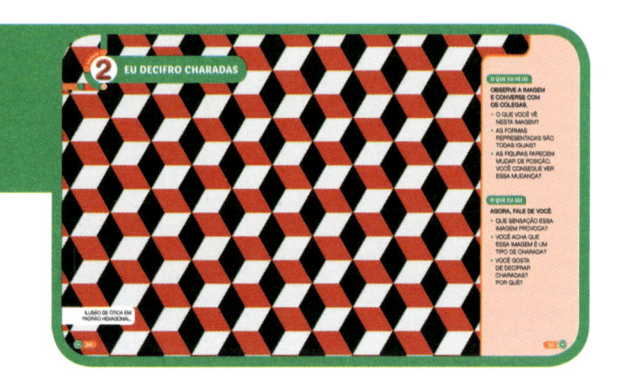

CARTA ENIGMÁTICA ___/___/___

1. IMAGINE QUE UMA ALUNA DO 3º ANO TENHA DEIXADO ESTA MENSAGEM PARA SUA CLASSE. DECIFRE-A.

OI! MEU NOME É 🏠 – SA + MILA.

_____

SOU ALUNA 🔒 – CADEA 3º ANO.

_____

🏆 – FÉU + QUEI DE ESCO + 🍊 – RANJA PORQUE

_____

_____

MEUS PAIS 🧱 – RO + DARAM PARA ESTA CIDADE.

_____

_____

GOSTO DE ❤️ – RAÇÃO + NHECER PESSOAS

_____

E DE FAZER AMIZADE COM 🏍️ – MO + DO MUNDO.

_____

_____

ESPERO QUE 🎯 – AL + CÊS APRENDAM BASTANTE

_____

_____

E SEJAM MEUS A + 🌽 – LHO + GOS.

_____

⚽ – L   AU   🏀 – BO!

_____

2 COM UM COLEGA, ESCREVA UMA RESPOSTA PARA ESSA ALUNA DO 3º ANO.
• A RESPOSTA TAMBÉM DEVE TER A FORMA DE CARTA ENIGMÁTICA.

3 FAÇA UM RASCUNHO DE SUA MENSAGEM ENIGMÁTICA.

> **LEMBRE-SE!**
> - CRIE O TEXTO DA MENSAGEM.
> - ESCOLHA AS PALAVRAS QUE SERÃO TRANSFORMADAS EM ENIGMAS.
> - DEFINA O QUE VAI SER TIRADO (**–**) OU ACRESCENTADO (**+**) NAS PALAVRAS QUE SERÃO TRANSFORMADAS EM ENIGMAS.
> - ESCREVA O TEXTO E FAÇA DESENHOS OU COLE FIGURAS PARA COMPOR OS ENIGMAS.

4 AGORA, AVALIE SEU TRABALHO.

AUTOAVALIAÇÃO	👍	👎
AS PALAVRAS DOS ENIGMAS FORAM BEM ESCOLHIDAS?		
AS FIGURAS ESTÃO FÁCEIS DE IDENTIFICAR?		
A CARTA ESTÁ ASSINADA?		

5 FAÇA AS ALTERAÇÕES NECESSÁRIAS E PASSE A LIMPO SUA CARTA.

FAÇA SEU TEXTO CIRCULAR ENTRE OS COLEGAS PARA QUE SEJA DECIFRADO POR TODA A TURMA.

UNIDADE 3
Eu respeito os outros

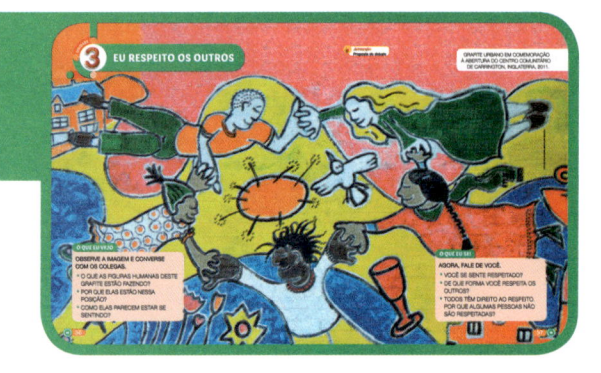

Cartaz ___/___/____

O que vou escrever?	Um cartaz contra o *bullying*.
Quem vai ler?	Os alunos da escola.
Onde vai circular?	No pátio da escola.

1 Leia este cartaz.

VALENTE MESMO É QUEM NÃO BRIGA.

PAZ NAS ESCOLAS. ESSA É A ATITUDE.

- Troque ideias com os colegas.

    a) Em que frase está a mensagem principal do cartaz?

    b) A quem essa mensagem é dirigida?

2. Você e um colega vão fazer um cartaz contra a prática do *bullying* na escola.

3. Antes de começar a fazer o cartaz, pense nestas questões.

    a) Que cores e tamanhos de letras você vai usar para que o cartaz chame a atenção das pessoas?

    b) Que texto vai escrever para conscientizar os colegas de que praticar *bullying* é desrespeito?

    c) Que imagens você pode usar para passar a mensagem que deseja transmitir no cartaz?

    _____
    _____
    _____
    _____
    _____
    _____
    _____
    _____

4. Agora, faça um rascunho de seu cartaz.

    Lembre-se!
    - Escreva o texto do cartaz. Ele deve ser curto.
    - Escolha o tamanho das letras.
    - Escolha as cores que serão usadas para escrever o texto.
    - Se quiser, escolha imagens para reforçar a mensagem do cartaz. Você pode usar foto ou ilustração.

- Antes de passar seu texto a limpo, avalie seu trabalho.

Autoavaliação	👍	👎
Escrevi um texto curto que fala de respeito aos colegas?		
Escolhi cores que despertarão a atenção das pessoas para ler o cartaz?		
Escolhi imagens que ajudam a transmitir a mensagem contra o *bullying*?		
Escrevi corretamente as palavras?		

5 Faça as correções necessárias e passe seu texto a limpo. Lembre-se de planejar o espaço para colar fotos ou fazer ilustrações.

Com o professor e os colegas, organize a exposição dos cartazes no pátio da escola e em outros lugares de grande circulação de alunos.

UNIDADE 4 — Eu canto e conto

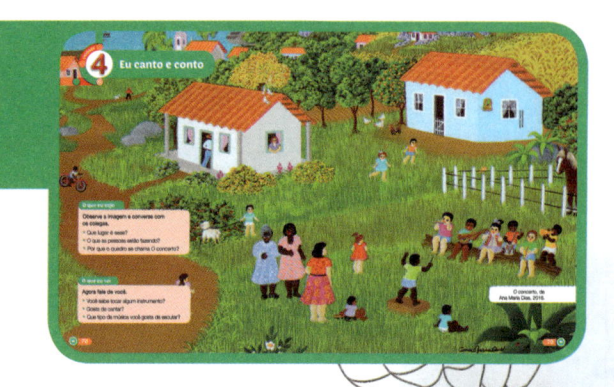

Cantiga acumulativa ___/___/_____

O que vou escrever?	A continuação de uma cantiga acumulativa.
Quem vai ler?	Os colegas da classe.
Onde vai circular?	Na sala de aula.

1 Leia, com a ajuda do professor, o início da cantiga acumulativa *A velha a fiar.*

Estava a velha em seu lugar.
Veio a mosca lhe fazer mal.
A mosca na velha e a velha a fiar.

Estava a mosca em seu lugar.
Veio a aranha lhe fazer mal.
A aranha na mosca, a mosca na velha
e a velha a fiar.

Estava a aranha em seu lugar.
Veio o rato lhe fazer mal.
O rato na aranha, a aranha na mosca,
a mosca na velha e a velha a fiar.

Estava o rato em seu lugar.
Veio o gato lhe fazer mal.
O gato no rato, o rato na aranha,
a aranha na mosca, a mosca na velha
e a velha a fiar.

[...]

Da tradição popular.

- Troque ideias com os colegas.

   a) Quais personagens são acrescentadas em cada estrofe?

   b) É fácil cantar sem esquecer os versos que se repetem? Por quê?

2 Com um colega, escreva a continuação dessa cantiga.

- Vocês vão criar mais duas personagens.

3 Antes de começar a escrever, pense nestas questões.

   a) Que personagens vocês vão criar?

   b) Quantas estrofes vocês vão escrever?

   c) Vocês vão ilustrar o trecho da cantiga que vão criar?

4 Agora, faça um rascunho da continuação da cantiga.

Lembre-se!
- Verifique qual é a última personagem que aparece na cantiga e comece a nova estrofe por ela.
- Repita as personagens anteriores na mesma sequência em que aparecem na cantiga.

- Antes de passar seu texto a limpo, avalie seu trabalho.

Autoavaliação	👍	👎
Acrescentei mais duas personagens?		
Iniciei as novas estrofes com a personagem certa?		
Repeti as personagens anteriores na mesma sequência da cantiga?		

5 Faça as alterações necessárias e passe a limpo a continuação da cantiga acumulativa.

Troque seu texto com o de outra dupla e leia para a classe as estrofes feitas pelos colegas.

Atividade interativa
Cantiga acumulativa

UNIDADE 5

Eu sou curioso

Ficha descritiva   ___/___/_____

O que vou fazer?	Uma ficha descritiva.
Quem vai ler?	Meus colegas de escola.
Onde vai circular?	Na biblioteca da escola.

1 Leia o texto.

http://mod.lk/guara

Lobo-guará

O lobo-guará é o maior canídeo da América do Sul (115 cm de comprimento). É também um dos mais ameaçados de extinção, devido à destruição dos cerrados em que habita para a plantação de soja e a criação de gado.

Muitos fazendeiros ainda abatem os lobos-guará pensando que podem causar grandes prejuízos em seus rebanhos. Na verdade, o lobo-guará é onívoro e se alimenta de pequenos mamíferos, aves e frutas (há até mesmo uma espécie de fruta, a *Solanum lycocarpum* do cerrado, que, de tão procurada por ele, é chamada de "fruta de lobo"). [...]

Sua aparência o faz notavelmente adaptado aos cerrados. A cor confunde-se com os campos de gramíneas. As pernas longas permitem que veja acima da vegetação [...], assim como suas orelhas grandes podem identificar com precisão a direção dos sons de uma presa.

Disponível em: <http://mod.lk/guara>. Acesso em: 16 mar. 2018.

- Troque ideias com os colegas.

   a) Você já tinha ouvido falar sobre o lobo-guará?

   b) Em que esse lobo é diferente do que você imaginava?

2. Você vai escrever uma ficha descritiva do lobo-guará.

3. Antes de começar a escrever, pense nestas questões.

   a) Que informações podem ser encontradas no texto lido?

   b) Que outras informações devem ser pesquisadas?

   c) Que curiosidades podem ser acrescentadas à ficha?

4. Faça primeiro um rascunho de seu texto.

> **Lembre-se!**
> - A ficha descritiva deve apresentar informações de forma breve, direta.
> - Lembre-se de colocar em sua ficha os seguintes itens: nome popular, nome científico, distribuição geográfica, *habitat*, tamanho, alimentação, período de vida, curiosidades.
> - Que informações são interessantes para colocar no item "Curiosidades"?

- Antes de passar seu texto a limpo, avalie seu trabalho.

Autoavaliação	👍	👎
Fui breve e direto no que precisava informar?		
Selecionei informações interessantes para o item "Curiosidades"?		
Usei corretamente as iniciais maiúsculas?		

5 Faça as alterações necessárias e passe a limpo sua ficha.

- Ilustre ou cole fotos do lobo-guará.

As fichas podem ficar disponíveis para consulta na biblioteca ou em um endereço da escola nas redes sociais.

UNIDADE 6 — Eu cuido dos animais

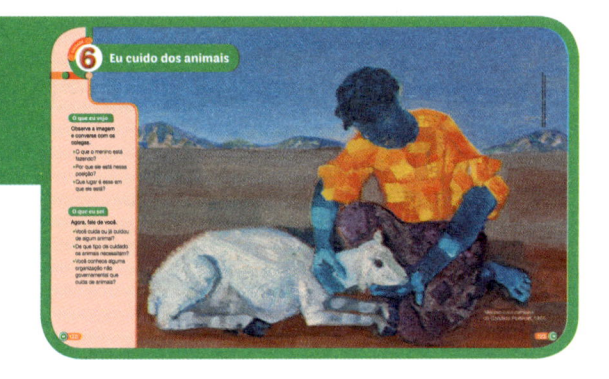

Notícia   ____/____/_____

O que vou escrever?	Dois parágrafos de uma notícia.
Quem vai ler?	A comunidade escolar.
Onde vai circular?	Num painel informativo da escola.

1 Leia a notícia.

http://mod.lk/urubus

Uma ajuda dos urubus

No Peru, aves foram equipadas com câmeras e GPS para monitorar locais de despejo de lixo

João Paulo Rossini

Para muitos de nós, os urubus sinalizam mau agouro ou — diz a tradição! — que vai chover no dia seguinte. Mas cientistas da Universidade Nacional Maior de San Marcos, no Peru, veem nesses animais possíveis aliados na fiscalização do despejo clandestino de lixo. Por isso, têm utilizado os urubus para localizar lixões na cidade de Lima, capital do país.

O projeto está baseado numa característica do comportamento dessas aves: para buscar alimento nas grandes cidades, elas costumam se aproximar de regiões onde há muito lixo acumulado. Essa foi uma forma de os urubus se adaptarem ao ambiente urbano, conta o biólogo Weber Novaes, da WGN Consultoria Ambiental. "Na natureza, os urubus se alimentam de matéria orgânica em decomposição, e o lixo que o ser

Urubus-de-cabeça-preta voam até 200 quilômetros por dia e ajudam cientistas de Lima a encontrar lixões.

humano produz acaba se tornando algo próximo disso em seu novo hábitat", justifica. [...]

A campanha recebeu o nome de *Gallinazo Avisa* (que quer dizer "Urubu Avisa", em espanhol) e tem como objetivo, além de localizar os lixões, conscientizar os moradores sobre como o despejo incorreto do lixo pode causar danos ambientais e à saúde da população.

Disponível em: *Ciência Hoje das Crianças*, fev. 2016, <http://mod.lk/urubus>. Acesso em: 16 abr. 2018.

- Troque ideias com os colegas.

   a) Qual é o assunto da notícia?

   b) Quem percebeu que essas aves poderiam ajudar?

   c) Onde aconteceu o fato?

   d) Como os urubus ajudam a localizar os lixões?

2 Você e um colega vão escrever dois parágrafos de uma notícia.

- Informe-se sobre um fato interessante que esteja acontecendo na sua escola ou na região onde você mora.

3 Antes de começar a escrever, pense nestas questões.

   a) Qual será o assunto? Quem está envolvido?

   b) Onde e quando o fato aconteceu?

   c) Que título você e seu colega vão dar à notícia?

_____

_____

_____

4 Faça primeiro um rascunho de sua notícia.

> **Lembre-se!**
> - Escreva um título para a notícia com a informação mais importante.
> - Informe: o que aconteceu, quem participa do acontecimento, onde e quando ele ocorreu.
> - Se quiser, junte uma foto e escreva uma legenda para ela.

- Antes de passar sua notícia a limpo, avalie seu trabalho.

Autoavaliação	👍	👎
Dei um título à notícia?		
Informei o que aconteceu, quem estava envolvido, onde e quando o fato ocorreu?		
Pontuei o texto corretamente?		

5 Faça as alterações necessárias e passe a limpo sua notícia.

Com o professor e os colegas, organize o painel informativo na escola para que toda a comunidade escolar possa ler as notícias do 2º ano.

UNIDADE 7 — Eu faço amigos

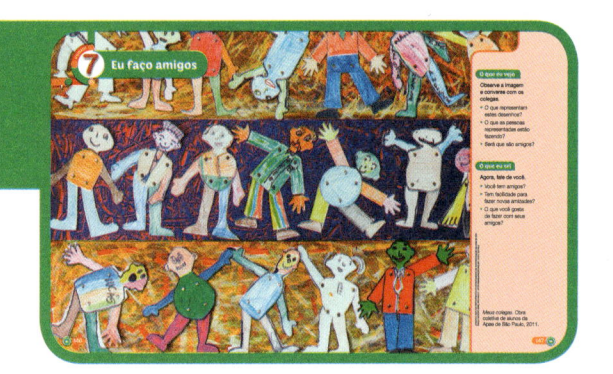

E-mail   ___/___/_____

O que vou escrever?	Um *e-mail* para um amigo.
Quem vai ler?	Meu amigo.
Onde vai circular?	Na internet.

1 Leia este *e-mail*.

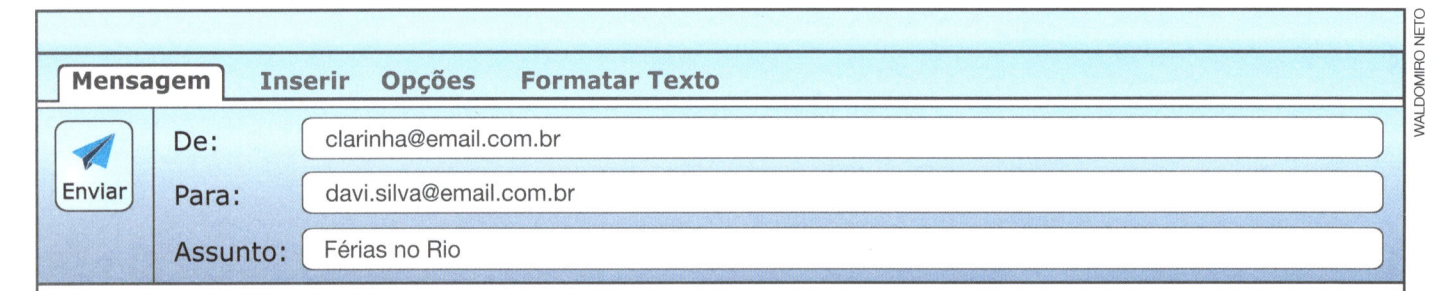

Mensagem Inserir Opções Formatar Texto

Enviar

De: clarinha@email.com.br
Para: davi.silva@email.com.br
Assunto: Férias no Rio

Oi, Davizinho. Tudo bom?

Os dias aqui no Rio de Janeiro estão muito divertidos. Meu avô me levou para conhecer o Pão de Açúcar. Uau! Senti um pouco de medo de andar no bondinho. É muito alto! Mas achei a cidade ainda mais linda vista lá de cima.

Meus avós moram em Copacabana e todas as manhãs vamos passear no calçadão da praia.

Amanhã, vou conhecer o Corcovado. Estou ansiosa. Acho que não vou sentir medo, porque o passeio vai ser de trem.

Minha tia Heloísa tem um cachorrinho lindo. Ele é branco e se chama Floquinho. Meu tio Diogo tem um gatão. Ele é amarelo e seu nome é Dunga. O gato e o cachorro são amigos e dormem juntos.

Me mande notícias. Estou com muitas saudades de você e das nossas brincadeiras.

Beijão,

Clarinha

- Troque ideias com os colegas.

    a) Quem escreveu o *e-mail* e para quem ele foi escrito?

    b) Qual é o assunto do *e-mail*?

    c) O que a pessoa conta no *e-mail*?

2 Agora, você vai escrever um *e-mail* para um amigo contando as coisas que fez nos últimos dias.

3 Antes de começar o texto, pense nestas questões.

    a) Para quem vou mandar um *e-mail*?

    b) O que vou contar ao meu amigo no *e-mail*?

_____
_____
_____
_____
_____
_____
_____

4 Faça primeiro um rascunho do texto.

Lembre-se!

- Comece o *e-mail* cumprimentando seu amigo.
- Conte a ele as novidades e o que você tem feito de divertido nos últimos dias.
- Despeça-se pedindo a ele que responda seu *e-mail* e também lhe conte as novidades.
- Escreva seu nome no final.
- Use corretamente as palavras no singular e no plural e as que você grafar no diminutivo e no aumentativo.

- Antes de passar seu *e-mail* a limpo, avalie seu trabalho.

Autoavaliação	👍	👎
Contei as novidades ao meu amigo?		
Cumprimentei meu amigo no início e me despedi dele no final do *e-mail*?		
Usei corretamente as palavras no singular e plural?		

5 Faça as correções necessárias e passe o texto a limpo em seu *e-mail* pessoal.

- Preencha o campo "assunto", escreva o seu endereço eletrônico, o de seu amigo e envie a mensagem.

Mensagem	Inserir	Opções	Formatar Texto

Enviar

De:
Para:
Assunto:

UNIDADE 8 — Eu faço de conta

Conto de fadas   ___/___/_____

O que vou escrever?	A continuação de um conto de fadas.
Quem vai ler?	Os usuários da biblioteca da escola.
Onde vai circular?	Em uma coletânea de contos da classe.

1 Leia o início deste conto.

A princesa e a ervilha

Era uma vez um príncipe que queria casar com uma princesa, mas tinha de ser uma princesa de verdade. Viajou pelo mundo todo para ver se a encontrava, mas não adiantou: toda vez que achava uma princesa, parecia que algo faltava. Havia princesas aos montes, mas nenhuma lhe parecia a certa. Sempre havia algum problema; elas simplesmente não eram princesas de verdade. Voltou para casa muito triste e desanimado, pois queria de todo coração casar com uma princesa de verdade.

Uma noite caiu uma tremenda tempestade no reino, com muitos relâmpagos e trovões, e uma chuva fortíssima. No meio dessa tempestade horrível, alguém bateu no portão da cidade; e o próprio rei foi abrir.

Lá fora estava uma princesa. Mas, nossa, completamente encharcada! A água da chuva escorria de seu cabelo e por suas roupas ensopadas, entrava nos sapatos e saía pela ponta deles. Mas ela insistia que era uma princesa de verdade.

[...]

Hans Christian Andersen. *Os mais belos contos de Andersen*. Tradução de Marcos Maffei. Organização de Friederun Reichenstetter. São Paulo: Salamandra, 2008.

- Troque ideias com os colegas.

    a) Quem são as personagens da história?

    b) Em que lugar a história acontece?

    c) O que o príncipe queria encontrar?

    d) Será que ela era mesmo uma princesa de verdade?

2 Agora, o professor vai ler o conto inteiro para a classe. Ouça com atenção!

3 Você e um colega vão continuar essa história criando outro teste para saber se a princesa é mesmo de verdade.

4 Antes de começar a escrever, pense nestas questões.

   a) Qual será o novo teste?

   b) A quais características da princesa o teste pode estar relacionado: à generosidade, à paciência, à amabilidade?

   c) Quando e em que lugar a história vai se desenrolar? Como será esse lugar?

   d) Como será o final do conto?

   e) Qual será o outro título da história?

5 Agora, faça um rascunho de sua continuação da história.

> **Lembre-se!**
> - Crie um novo teste para a princesa.
> - Continue a história escrevendo os acontecimentos de acordo com o novo teste.
> - Fique atento à separação correta entre as palavras.
> - Use sinônimos para não repetir as palavras.
> - Escreva um final para essa história.
> - Dê outro título à história, de acordo com o novo teste.

• Antes de passar seu texto a limpo, avalie seu trabalho.

Autoavaliação	👍	👎
Criei um novo teste para a princesa?		
Dei continuidade à história de acordo com o novo teste?		
Usei sinônimos para não repetir as palavras?		
Criei um final para a história?		
Dei um novo título à história?		

6 Faça as alterações necessárias e passe a limpo sua história.

Com a orientação do professor, a classe montará uma coletânea de contos, que ficará na biblioteca da escola.